书画双槐

翰墨蕴心

——重庆市江津区双槐树小学书画教育教学探索

唐军 主编

黄河出版传媒集团
阳光出版社

图书在版编目（CIP）数据

书画双槐　翰墨蕴心：重庆市江津区双槐树小学书
画教育教学探索 / 唐军主编 . -- 银川：阳光出版社，
2025. 1. -- ISBN 978-7-5525-7636-8

Ⅰ . G623.752

中国国家版本馆 CIP 数据核字第 2025YL3302 号

书画双槐　翰墨蕴心 —— 重庆市江津区双槐树小学书画教育教学探索　　唐军　主编

选题策划　薪火创客
责任编辑　王瑞
特约编辑　孙世瑾
封面设计　魔豆探索
责任印制　岳建宁

黄河出版传媒集团
阳光出版社　出版发行

出 版 人　薛文斌
地　　址　宁夏银川市北京东路139号出版大厦（750001）
网　　址　http：//ssp.yrpubm.com
网上书店　http：//shop129132959.taobao.com
电子信箱　yangguangchubanshe@163.com
邮购电话　0951-5047283
经　　销　全国新华书店
印刷装订　北京中汇数字印刷有限公司
印刷委托书号　（宁）0031329

开　　本　787 mm×1092 mm　1/16
印　　张　15
字　　数　230千字
版　　次　2025年1月第1版
印　　次　2025年1月第1次印刷
书　　号　ISBN 978-7-5525-7636-8
定　　价　50.00元

编委会

主　编：唐　军

副主编：刁攀利　唐平英

编　委：（按姓氏笔画排名）

序

　　龙年国庆，我回到阔别已久的母校重庆江津区白沙镇双槐树小学，欣闻《书画双槐 翰墨蕴心——重庆市江津区双槐树小学书画教育教学探索》一书已经成稿，心中甚慰，欣然以一颗对母校的敬爱之心，诚恐地写下几段文字，为序。

　　一方水土养一方人，书画教育及其所蕴含的艺术气质，离不开一方沃土。双槐树小学坐落在中国历史文化名镇——白沙古镇，这里钟灵毓秀，人杰地灵，为学校的书画教育提供了丰厚的土壤。

　　其一，白沙富有山水自然的灵气：夕阳映照下长江边的西河坝渔舟点点，二层岩、朝天嘴码头千帆竞发，东海沱雷打石经年屹立……我成长在长江边，这里的沙石舟楫都成为我创作的素材，在我的《长江魂——三峡纤夫》《冬日晨曦》《三峡晨曲》《重庆大轰炸》等作品中都能找到白沙的影子。

　　其二，白沙充满着历史的传奇：黑石山头留下二郎赶石的缕缕遗憾，近代文人政要留下的历史印痕，醉仙岩依稀能听见八仙畅饮的冲天豪语，遛马岗遥见赵子龙策马扬鞭的风采，邻里街坊还流传着刘伯温"朱羊两边排，护国寺坐楼台，张公山作笔架，东海沱作砚台"的未解预言……白沙的风土人情，为书画创作提供了无尽的灵感。

　　其三，白沙具有丰富的文化根脉：保留着堪称重庆市最大的巴渝山地民居建筑，十里老街，抗战遗址，千载文脉，吊脚楼、古民居、会馆庙宇以及古道边风雨桥，每一处都透露着匠心独运之美，令人神往。

　　双槐树小学根植故乡沃土，历来重视书画艺术教育，注重广纳四方书画人才，奠定了"包容并蓄，融合发展"的格局，形成了鲜明的臻美书画教育特色。学校在不同时期涌现了多位具有典型代表的书画教育领军人物，比如我的老师阎松父、周盛荣、杨眉（原名杨宏勋）、刁焕文（又名刁蓬）、杨泽培等书画教育知名人士曾在此讲学。同时，双槐树小学也非常重视挖掘和培养具有书画天赋的学生。我常念罗祖宏老师（后任江津区教育局局长）对我的帮助，在小学三年级时转学到双槐树小学，在校期间获得了办黑板报、画大型海报等很多宝贵的机会，校长和老师一个鼓励的眼神、一句表扬的话语时常如春风拂面，让艺术的根系在我心中越扎越深。在学校的经历让我受益匪浅，也在小学时期就开始了大幅油画的创作。

《书画双槐　翰墨蕴心——重庆市江津区双槐树小学书画教育教学探索》一书的出版，是学校历届领导和老师们数十年都十分重视书画教育实践的成果。其内容丰富，既有双槐树小学历年书画教育的理论研究，是师生们以美育人，以文化人的教学实践，对于提升乡镇学校的艺术教育水平具有特别的参考价值，让优秀的书画文化润育每一个少年的心田，这种素质教育的经验值得推广，惠及更多的综合性人才，即便今后不从事艺术职业，也仍然特别有益孩子们未来的一生。

祝母校双槐树小学越办越好！

陈可之

2024 年 10 月

（陈可之，中国农工民主党中央书画院院长、东方油画院院长，北京市政府文史馆馆员、国务院特殊贡献专家，作品《历史》被中国美术馆收藏，并且获得了加拿大大雅文化国际的"终身艺术成就奖"以及联合国的"和平文化大使"称号。2019 年 5 月，母校白沙镇双槐树小学挂名白沙陈可之美术学校。）

前　言

　　甲辰之夏，生机勃发。《书画双槐　翰墨蕴心——重庆市江津区双槐树小学书画教育教学探索》终于成稿。

　　双槐树小学遵循"让所有的美与你相遇"的办学理念，融合著名社会学家费孝通先生总结的"各美其美，美人之美，美美与共，天下大同"十六字箴言，围绕学校臻美文化构建槐美课程，"臻"代表不断求索的生命状态，"美"代表人们对所有美好的孜孜追求，具体体现在五美育人：槐仪（美育）——情趣雅美、风华俊秀；槐德（德育）——品德馨美、如沐熏风；槐才（智育）——才具卓美、奠基启智；槐身（体育和心理健康教育）——身心健美、阳光向上；槐性（劳育和生命意识教育）——生性坚美、顽强生长。以"瑞槐初生，臻美日新"之态，培养德智体美劳全面发展的好少年。经过几代槐小师者的建设与传承，学校成为全国美育教学特色学校，先后获得"全国学校美育先进单位""全国学校美育教学优异成果奖""全国十佳少儿书画教育先进集体"等殊荣。

　　《书画双槐　翰墨蕴心——重庆市江津区双槐树小学书画教育教学探索》全书设置理论构架、教学实践、成果展示三部分。

　　第一部分，理论架构。槐美书画，源远流长，理论构建，自成体系。该部分的主体由两篇文章构成，理清学校"臻美文化"的源与流，以及在"臻美文化"的指引下，学校如何融入"槐文化"，打造具有自身特色的"槐美课程"。经过反复研讨，学校最终确立了"臻美文化——槐美课程——书画教育"体系，以"书画教育"为抓手打造特色课程。"槐美课程"的开发促进了学生的核心素养发展，是对"让所有的美与你相遇"的完美诠释，也是对学校"心怀天下立德、情怀巴渝树人"的勠力践行。

　　第二部分，教学实践。该部分由若干篇小论文组成，将视角集中于以书画教育为核心的"槐美课程"实践，深入探讨"槐美课程"在实际教学中的探索与应用。自学校建立至今的九十年里，学校将书画教育贯穿于日常教学之中，形成了独特的教学模式。教师在教学中注重激发学生的兴趣，引导学生自由探索、野蛮生长。学校还特别强调个性化教学，鼓励学生在书画艺术的道路上找到自己的风格和特色。通过成立"臻美书画苑"，举办定期的书画展览、比赛和交流活动，学生不仅能够展示自己的作品，还能从同龄人那里获得灵感和动力。此外，学校还建立书画专家资源库，为学生提供了更广阔的实践平台和学习资源。数年来，学校师生的作品不仅在校园内广受好评，更在各级各类书画比赛中屡获佳绩。

第三部分，成果展示。这部分通过教育者的感悟文字，以及丰富的图片展示，让后来者看到这一路走来的努力、困惑、成长、感触，看到双槐树小学在书画教育方面取得的丰硕成果。从孩子们稚嫩却充满灵气的书画作品，到师生共同参与的大赛现场，再到捧回的一份份荣誉，展示出充满童真童趣童智臻美书画人的风采，体现出学校在传承和创新书画艺术方面的努力与成就。这些成果不仅得到了家长和社会的广泛认可，也期待能为其他教育者提供一些可参考借鉴的经验。

《书画双槐 翰墨蕴心——重庆市江津区双槐树小学书画教育教学探索》一书的出版，不仅是双槐树小学书画教育教学探索的总结，更是对学校多年来坚持书画教育的肯定。它展示了双槐树小学如何在传承中创新，在创新中发展，最终形成独具特色的教育模式。本书的成功出版，离不开槐小先行者们的开拓与奠基，离不开几十年来每一位槐小教育者的努力与探索。时至今日，离不开每一位出版参与人员的细心打磨与真情付出，在此，向他们致以最诚挚的感谢！

党的二十大报告承载人们对美好生活的需求，饱含人们对更美好教育的期盼。在"臻美文化"引领下的槐美课程是对美好教育的生动诠释，槐小人用智、用心、用情、用爱去将"臻美文化"发扬光大，让双槐树小学看准书画教育，扎根书画教育，永葆书画教育名校底色，培养更多全面发展的优秀学子！

重庆市江津区双槐树小学校书记、校长

2024 年 8 月

目　录

第三篇　槐美课程·成果展示

第 一 篇

槐美课程·理论构建

臻美文化：
与美相遇，塑造美的人

◎ 唐军　刁攀利

　　"臻美文化"是重庆市江津区双槐树小学（以下简称"双槐树小学"）的校园主题文化，"槐美课程"则是在主题文化引领下的特色教育，两者都服务于"立德树人"的教育根本任务，共同形成既笃定本源又充满拓展力的育人生态圈。

一、"臻美文化"的形成

　　教育的根本任务是立德树人，必须坚持党对教育的全面领导。

　　恩格斯在其哲学体系中提出"独特的这一个"的概念，所谓"独特的这一个"，是强调事物的特殊性，正如世界上没有完全相同的两片树叶，世界上也没有完全相同的教育模式。在践行立德树人和落实党的全面领导这两个基本前提之下，在遵循基础教育一般性规律的前提下，如何构建和发展具有"独特的这一个"的主题文化，并以此主题文化为灵魂统领教育教学工作，形成具有"独特的这一个"的特色教育，培育"具有独特的这一个"特质的学生，则是不同学校需要研究的课题。

　　正是基于以上思考，双槐树小学在严格贯彻国家教育行政主管部门对基础教育的一般性要求的基础上，结合学校在地文化、学校历史、学校教育特质，尤其是"学校三情"（校情、师情、生情），提炼形成了具有"独特这一个"特征的"臻美文化"。

　　"臻美文化"的形成是一个厚积薄发、水到渠成的过程，它既是对学校教育使命的响应，又是对学校数十年教育教学经验的总结提炼，还源于对在地文化和学校自身历史文化的挖掘。

（一）对教育使命的响应和承担

　　习近平总书记曾深刻地指出，"教育的根本任务是立德树人，培养德智体美劳全面发展的社会主义建设者和接班人。学生的理想信念、道德品质、知识智力、身体和心理素质等各方面的培养缺一不可"。

"臻美文化"正是双槐树小学作为基础教育学校,立足自身实际,承担教育使命的体现。在"臻美文化"中,以"让每个孩子都能成为五美好少年"这个育人目标为"着眼点"和"着力点",打通德智体美劳五育,从而形成自己的特色教育,为中国教育贡献"双槐树价值"。

(二)对在地文化、校史文化的挖掘和发扬

任何一种校园文化都是从在地文化中生长而来,同时也是在自身的历史传承中发展而来。双槐树小学的"臻美文化",正是在充分挖掘在地文化和校史文化的基础上形成,同时又经过积累沉淀和创新提升,成为学校历史文化,以及学校在地文化的一部分。

双槐树小学坐落在中国历史文化名镇——重庆市江津区白沙镇(坝),大旗山麓,长江之滨。学校所在地历来文化阜盛,当地不但有白屋诗人吴芳吉这样的文化名人,还有冯玉祥、胡小石、卢前、佘雪曼等知名人士在抗战期间曾长期居住或者活动于当地,他们深刻地影响着白沙镇在地文化的形成。这些历史名人钟情于书画创作,在他们的影响之下,白沙镇形成了以书画艺术为特色的美学氛围。1934年,在以冯玉祥为代表的各界名人群体倡导之下成立了"新华小学",是为今日双槐树小学的前身。

"新华小学"成立之时,正处于抗日战争的硝烟之中,师生们以书画为武器,宣传抗日救亡;抗日胜利之后,学校的书画传统绵延至今,与时俱进,新人辈出,还"雏凤清于老凤声"。

因此,就在地文化和校史文化而论,双槐树小学自带以书画为特色的美学基因;而"臻美文化"正是对在地文化和校史文化的传承和发掘,成为今日双槐树小学的校园主题文化。

二、"臻美文化"的内涵

"臻美文化"不是一个简单的词汇,而是有着深厚文化内涵的概念。

(一)臻 —— 教育本质的体现

"臻"字读音为"zhēn",为会意字,从至从秦。目前"臻"字能考证到的最早字体为小篆,本字中的"至"意为"达到";"秦"在小篆中为"两

手举杵正在舂禾穗的丰收景象",引申为"富饶、富庶"。"至""秦"两形组合为"臻",可会意为"达到美好的状态""趋近完美"。

在汉语中,"臻"字既可作为动词,意为"达到",《说文解字》有载,"'臻',至也",例如"渐臻佳境""日臻完美";也可以作形容词,意为"盛,满,完备",比如"臻臻至至"(众盛貌;殷勤周到),"臻臻"(茂盛状)之类的词汇。

双槐树小学之所以在构建自身的校园主题文化中引入"臻"概念,在于该字的内涵正揭示了教育的本质。教育的本质就是人的提升,教育之所以存在,就在于它通过必要的方式,提升受教育者的自我觉醒意识,提升受教育者适应社会的各种技能,提升受教育者获取内在幸福感的各种必要素养。只有作为个体的人得到提升,才能延伸出群体和国家的提升。从"人的提升"这个角度而论,教育的本质就是"臻",就是"达到",通过努力,受教育者"渐臻佳境""日臻完备",受教育的群体"臻臻至至"。

(二)美 —— 教育目标的体现

"美"在汉语中读作"měi",本字始见于商代甲骨文,其古字形像戴着头饰站立的人,本义指漂亮、好看。"美"除了表示具体事物的美好外,还用来表示抽象意义。如形容一个人品德高尚称为"美德",赞美一个人名声好为"美名"。

在人类文化史上,从"美"这个概念出发,形成了"美学"(Aesthetic)。"美学"作为一门学科,由德国哲学家亚历山大·戈特利布·鲍姆嘉通在1750年首次提出。美学是研究人与审美关系的一门学科,即美学研究的对象是审美活动。在教育领域,人们又在"美学"的基础上形成了专门的学科"美育"。美育是审美教育与美感教育的结合,通过教育提升人们认识美、理解美、欣赏美、创作美的能力。美育是人类教育活动的重要组成部分,其中又以艺术教育作为最集中、最典型的美育形态。

在双槐树小学所构建的"臻美文化"之中,"美"是一个具有多重含义的概念:一是它既指"德智体美劳"五育中具有独立意义的"美育"学科;二是它也指融合于五育之中一切关于美的要素;三是它尤其指笼罩于教育教学中的育人目标——塑造"美的人"。

为何要提出"五美好少年"呢?诚如前文所言,"美"具有其抽象意义。"臻美文化"中的"美"是从德智体美劳五育中抽象而出的一种特质,它包括:品德高洁之美(德育)、才智卓异之美(智育)、身心健康之美(体育）、情趣雅致之美（美育）、劳动创造之美（劳育）。

"臻美文化"所追求的"美的人"，正是具备上述各要素的（当然不同个体又有所不同的偏重）的全面发展的人。在"臻美文化"中，正是通过具有自身特色的"美育学科"和"融合于五育之中的一切关于美的要素"，来塑造一个"五美好少年"，从而实现"人的提升"。

（三）"臻"与"美"的内在逻辑

在双槐树小学的"臻美文化"中，"臻"与"美"具有紧密而有机的内在逻辑，"臻"与"美"相辅相成，共同彰显"教育的本质是提升人"，共同服务"让每个孩子都能成为五美好少年"的办学目标。

具体而言，"臻"更强调教育者和受教育者的主观努力，强调"达到"这一动态的过程，也就是循序渐进的教育过程；而"美"则更强调教育的目标，即"让每个孩子都能成为五美好少年"。如果说"臻"是方法论和路径，则"美"是目标和结果。

所谓"臻美"，就是对所有美好事物的不懈追求，让事物往好的方向发展，让人得到成长，更趋于完善，达到更高的层次，最终成为至善之人。

（四）"臻美文化"的建设实践

"臻美"作为双槐树小学校园文化的主题，它的提出为学校文化的建设赋予了"灵魂"，具有纲举目张的效果。但"臻美"只是校园文化的主题，或者说"文言"，而如何建设"臻美文化"，则需精心地谋篇布局，才能写出一篇好文章。在"臻美"主题的指引下，学校开展了一系列文化建设实践。

1. 细化丰富"臻美文化"的内涵

首先，学校在"尊重历史、结合当下、布局未来"的思路之下，以"臻美"为指导，提炼和更新了"三风一训"，为"臻美文化"丰富了内涵。

学校精神	上上上，天天向上，行行行，日日践行
办学理念	让所有的美与你相遇
办学目标	让每个孩子都能成为五美好少年
办学宗旨	心怀天下立德，情怀巴渝树人

校训	立德强能 日省日臻

校风	勤学践行 习正德臻

教风	诲人不倦 心淳至臻

学风	乐学善思 德识具臻

2. 举办"臻美文化"主题活动

在"臻美文化"指导之下，学校按照"美育为抓手，五育齐并举，师生共发展"的思路，举办了一系列主题文化活动。这些活动的共同点在于：以"塑造美的人"为目标导向，在凸显"美育"的学科特色的同时，挖掘其他学科中关于美的一切要素，举办各种形式的活动，通过情景式教育，让所有的美与你相遇。

例如，学校已举办多届校内现场书画大赛，主题有"墨润童年 笔绘童心""翰墨书党恩 丹青绘祖国""绘美好明天"等，分为书法组和绘画组，现场创作与评比，让学生在亲身参与中提升创作技能，实现美育的教学目的。

此外，学校成立臻美书画苑，作为师生书画作品的对外展示平台。绘画室和书法室又分区陈列师生的主题书画作品，作品内容不断丰富，为学校营造出良好的美育氛围。

不仅如此，学校还将美育拓展到除书画以外的多个方面，例如"剪纸艺术进校园"活动，学生用刻刀完成一幅幅精美的剪纸作品，这也是一场与美的相遇。

3. 打造"臻美文化"特色课程

"课程"本是中国唐宋时期科举考试兴起之后出现的一个词语，大意为"课业（学业）安排"；其对应的英文单词，大致相当于英国教育家斯宾塞在《什么知识最有价值》中提出的"Curriculum"。在现代教育语境之下，"课程"是一个具有丰富内涵的词汇，是由一定的育人目标、特定的知识经验和预期的学习活动方式构成的教育计划与设定。

在"臻美文化"指导之下，学校发挥课堂的教育主阵地作用，积极践行"课程育人"理念，结合学校历史文化，开发出具有鲜明自身特色的品牌课程——"槐美课程"，取得一系列成效。

4.构建"臻美文化"主题课堂

按照"臻美文化"的指引，围绕"槐美课程"形成"槐美课堂"，发挥课堂的育人主阵地作用。

关于"槐美课堂"，学校曾如此阐释："'槐美课堂'涵盖三个方面：一是连缀课堂，像槐花一样，串串如珠、瓣瓣香馥的一个个精彩绽放构成主体课堂，体现学生如槐花，朵朵馨香；二是尚美课堂，要求课堂结构、教学展示、三维目标要体现槐花一样的美感，体现教师多姿多彩的教育教学技艺；三是馨香课堂，犹如槐花，清芳沁人，要给师生温馨、融洽、联动的快乐以及德育的熏陶，打造让师生都得到最优化发展的课堂，体现良好的课堂教学效果"，从而实现人的提升，让每个孩子都能成为"五美好少年"。

槐美课程：
瑞槐初生，向阳芬芳

◎ 唐平英 王云波

　　校园文化既要提炼出形而上的主题（以及在这个主题之下对其内涵进行细化），还要落实于具体的践行，否则就是空中楼阁。

　　课程是育人的主范式，课堂是育人的主阵地。如何发挥课堂育人主阵地的作用，如何进行课程育人？双槐树小学通过多年努力，在"臻美文化"指引之下，打造了具有自身特色的"槐美课程"。

一、"臻美文化"指引下的"槐美课程"

<blockquote>

我把一只圆形的坛子，

放在田纳西的山顶。

凌乱的荒野，

围向山峰。

荒野向坛子涌起，

匍匐在四周，不再荒凉。

——华莱士·史蒂文斯《坛子轶事》

</blockquote>

　　在美国现代主义诗人华莱士·史蒂文斯的笔下，一只"坛子"可以让凌乱的荒野变得有秩序；而在双槐树小学的校园文化构建中，"臻美"这个关键词就是那只意义非凡的"坛子"。

　　双槐树小学在找到"臻美"这个"坛子"之后，就将打造特色课程"槐美课程"作为践行"臻美文化"的重要举措，"槐美课程"是对"臻美文化"的实践化和具象化，同时又在实践和具象的过程中，促进"臻美文化"的提升，形成良性循环。

二、"槐美课程"的文化源流

双槐树小学按照"臻美文化"的指引,挖掘校史文化、中华文化和中国教育传统中的"槐文化",结合新时代育人需求,建立起独具特色的"槐美课程"。

(一)双槐树小学历史上的"槐文化"

追本溯源,双槐树小学始于1934年的"新华小学",在几十年薪火传承中,双槐树小学历经多次与其他学校的合并重组,校址与校名也几经变迁,现址位于重庆市江津区白沙镇,校名确定为"双槐树小学"。

之所以得名"双槐树",根据现有资料考证,系因当时校址所在地有两棵老槐树。虽然当时校址的确切地址在不同资料中有不同说法,且当时的两棵古槐亦已消失,但是"双槐"的形象却一直存留于吉光片羽的校史资料中,存留于学校先贤口口相传的叙述中,存留于一代又一代师生的想象中,成为联结学校历史与现实的时光纽带,成为联结校友的情感桥梁……

而今,在双槐树小学校园,槐树绿荫如盖,花香馥郁;师生在槐树下生活学习,在课堂上探寻"槐文化",读槐诗,画槐画,以槐树为材料做手工,在科学实验中研究槐树。学校像槐树一样,扎根白沙这片土地,发展教育,培育人才。槐树,已经成为这所老校不老的图腾!

(二)中华文化中的"槐文化"

槐树自古就是一种嘉木。在中华传统文化中,槐树被赋予美好含义。

《周礼·秋官》记载,周天子朝廷绿化布局为"左九棘、右九棘、面三槐"。周天子的朝廷会在天子左右方位各种植九棵棘木,天子的对面种植三棵槐树,作为臣子们朝见天子时站立位置的标志。其中,三棵槐树下站立的是太师、太傅、太保这"三公"。因此,槐树在中华古代文化中一直是吉瑞之树,而《花镜·花木类》槐条中记载:"人多庭前植之,一取其荫,一取三槐吉兆,期许子孙三公之意。"

在中国民间,也有"门前有槐,升官发财"的俗语。这个说法,虽然本身具有局限性,但也体现了中国人对子女"有出息"的期盼;而教育的目的,通俗地说同样是希望孩子们"有出息",只不过这里的"有出息"是站在立德树人的高度而言,是培养德智体美劳全面发展的社会主义事业接班人,而非中国民间传统思维中的"升官发财"。

（三）中国教育传统中的"槐文化"

在中国的教育传统中，槐树是一个经常出现的意象。

槐市。据中国古籍《三辅黄图》载：从汉代开始，在都城长安设置"槐市"，"列槐树数百株"，专供读书人交换书籍、谈论学问，"议论槐下"。由于"槐市"是专为读书人而设置的地方，所以又名"学市"。北周诗人庾信有"绿槐垂学市，长杨映直庐"之诗句。唐朝诗人元稹有诗："期青紫于通径，喜趋槐市；鼓丝桐之逸韵，协畅熏风。"

槐宫、槐舍。受"槐市"典故的影响，还产生了槐宫、槐舍等词，用来代指国家主办的学宫，以及读书人所居住的学舍。

槐秋、踏槐、槐黄。中国古代，逢考之年称为槐秋，考试的月份称为槐黄，举子赴考称为踏槐。唐朝李淖在《秦中岁时记》载："进士下第，当年七月复献新文，求拔解，曰：'槐花黄，举子忙'。"意思是在槐花黄的时候，应试的读书人到处找人品评自己的文章，或者将新作的文章投献给有关官员以求荐拔。

槐与魁。在科举时代，由于"槐"字与"夺魁"的"魁"字音、字形都很相近，所以读书人往往在书房附近种植槐树，以求"考试夺魁"。

三、"槐美课程"的内涵与维度

"槐"这个意象的精神意义，与双槐树小学的"臻美文化"高度一致，与国家五育并举、全面发展的教育要求也具有高度一致性。

（一）课程名称及Slogan：瑞槐初生，臻美日新

课程名称：槐美课程

Slogan 释义：

瑞——取槐树嘉木之意，也代表一种美好祝愿：对未来教育的美好祝愿，对孩子们未来前程的美好祝愿。

槐——以槐为载体，结合学校文化，挖掘五大维度：槐仪、槐德、槐才、槐身、槐性。

初生——双槐树是一所小学，学生是少年儿童，"初生"二字既契合他们的年龄段，也代表蓬勃的生命力，更点明小学教育对孩子人生的奠基作用。

臻美——既是贴合学校主题文化，也代表"通过教育，让孩子逐步达到美好状态"的意思，代表了教育（以及课程）的作用。

日新——既是结合"日臻日新"的学风，也是对孩子们成长的一种期盼。

（二）"槐美课程"的五大维度

"槐美课程"有狭义、广义之分。狭义单指以书画为特色的美育课程。广义则是以美育为特色的德智体美劳五育，还包括心理健康教育、生命意识教育，"五育＋心理健康教育＋生命意识教育"构成整体，有机统一。

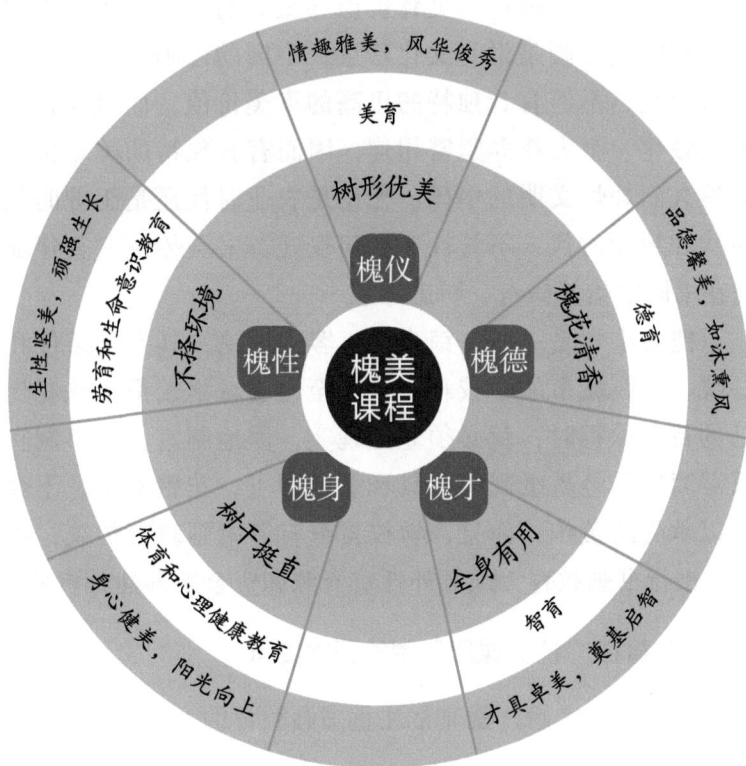

四、书画教育："槐美课程"的核心内容

在理顺"臻美文化"与"槐美课程"的逻辑关系之后，在确立了"槐美课程"的内涵与维度之后，就面临着在日常教育教学中如何打造"槐美课程"的问题。

双槐树小学经过反复研讨，确立了"臻美文化——槐美课程——书画教育"的体系，以"书画教育"这个抓手打造特色课程。

（一）书画教育作为"槐美课程"核心内容的原因

将书画教育作为"槐美课程"的核心内容，既是一种历史传承的水到渠成，也是一种根植于现实的深思熟虑的慎重选择，同时也因为书画教育本身独特的美育价值所致。

首先，诚如前文所说，双槐树小学深受白沙镇重视书画的在地文化影响，建校以来一直有着浓厚的书画教育氛围，因此将书画教育作为"槐美课程"的核心内容是历史传承的水到渠成。

其次，书画教育有着独特的美育价值和庞大的受众基础。中国是书画之国，中国书法和中国绘画是世界文化珍宝；中国的诗画艺术与中国文学、文化、文明相融共生，不但有着独特的极高的审美价值，而且与社会发展、国家治理、道德教化、个人修养紧密相连，因而有着独特的美育价值和教育价值。在有着悠久而灿烂文明的中国，无论是农业时代还是工业时代，抑或现在的信息时代和智能时代，不管社会如何变迁，书画传统一直伴随着人们的生活，人们在书画中怡情修身、明思咏志……

最后，双槐树小学是一所乡镇小学。客观而论，其办学条件和办学资源是无法与一线、二线城市的学校相比，甚至与县城学校都无法相比。因此，在打造自己的特色课程时，就必须立足现实，因地制宜，因事制宜。推行书画教育，只需简单的笔墨纸砚等工具和颜料即可，花费不多，不会给学校、家庭增加难以承受的负担，而且，学校自身有着书画教育传统，积累了良好的师资力量，推行书画教育无须额外耗费资源和资金来筹建师资队伍。

（二）书画教育在"槐美课程"中的薪火传承

双槐树小学自建校之始，就非常注重书画教育的育人功能。

1.建校初期

受在地文化传统影响，学校自发开始书画教育；在倡办学校的冯玉祥将军的影响下，当时的书画教育主要围绕爱国家、爱家乡进行。

2.全面抗战爆发后

全国众多文化机关、医院以及众多文化名流学者麇集白沙，江津多所学校联合在双槐树小学（时名"新华小学"）成立白沙抗日救亡宣传团，救亡团在以书画形式宣传抗日救亡的同时，也促进了学校书画教育的发展。当时的著名画家阎松父（以画虎而知名，被誉为"阎老虎"）、周盛荣（擅长人物速写）经常到校为师生教授书画知识。

3. 中华人民共和国成立初期

在此期间，学校的书画教育与新中国一道，展现出蓬勃的朝气，涌现出杨眉、刁蓬等知名的书画家。

4. "普六""普九"时期

在此期间，学校书画教育志在培养有理想、有道德、有文化、有纪律的人才，即"四有新人"，学校"心系门墙桃李千千树"，对书画青年教师"抓好前五年"，"一年入门、二年达标、三年创优、四年冒尖、五年成才"，把重要的教学任务交给青年教师，让专职书画教师由职初教师向有经验教师、专家型教师成长。学校本时期的优秀书画青年教师，以朱华平、邹开均、李仁信为代表。

5. 步入 21 世纪

新世纪，新教育，学校书画教育同样开新篇。学校通过书画教育积极倡导"自主、合作、探究"的教学模式，注重学生的参与和体验，注重学生的"活动"，树立了全新的价值观、教学观、学习观、过程观、评价观。其间，学校开辟的重庆市乡村学校少年宫活动，更为学校书画教育提供广阔的空间，书画教育活动形式更加丰富。

在此期间，学校书画教育被中国美术教育委员会授予"全国优秀少儿书画教育先进集体"称号。学校这段时期的优秀书画教师，以邹开均、周宇为代表。

6. 进入新时代

学校书画教育遵循"心怀天下立德，情怀巴渝树人"为办学宗旨，以"让所有的美与孩子相遇"为办学理念，发扬"上上上，天天向上；行行行，日日践行"的办学精神，立德强能，践行"臻美文化"特色品牌，打造以书画教育为核心内容的"槐美课程"。

"槐美课程"的书画教育强调要根植家乡这方沃土，传承白沙的教育文化、抗战文化、非遗文化以及重商崇文情结，形成了优良的艺术氛围，铺垫下厚实的艺术土壤。学校积极引进社会力量和优质校友资源，与著名画家陈可之共同创办白沙陈可之美术学校。

陈可之是双槐树小学杰出校友，中国著名油画家，享受国务院政府特殊津贴专家，其作品为中国国家博物馆、中国美术馆、瑞士国际奥委会博物馆、美国林肯艺术中心等收藏，作品《冬日晨曦》获首届中国油画展"中国油画奖"，《长江魂——三峡纤夫》获"群星奖"金奖，《东方之子》被誉为华人跨世纪形象。

　　陈可之率领一批批书画名家深度参与学校书画教育，引领学校书画教育良好发展，学校被评为全国十佳书画教育名校、重庆市文明校园、江津区绘画特色学校。此间，邹开均的山鸟画、刘伟的小楷、高昊的剪纸、刁德波的书法、李佳遥的线描动漫、熊强的书画、肖潇的楷书，各领风骚。

　　点横撇捺彰华夏神韵，赤橙黄绿展民族风华。如今，双槐树小学设立专门的"臻美书画苑"，开展"槐美（书画）课程"，以书画"塑造美的人"，挥墨而行，色彩斑斓……

第 二 篇

槐美课程·教学践行

"槐美课程"下德智体美劳全面发展的教学模式创新
—— 以双槐树小学为例

◎ 唐军

"槐美课程"起源于重庆市江津区双槐树小学，本课程由学校"臻美文化"延伸而来，旨在培养学生的综合素质和审美情趣，追求让每个孩子都能成为五美好少年。学校充分利用当地丰富的文化资源，结合现代教育理念，开设了这一特色课程。"槐美课堂"不局限于传统的课堂教学模式，而是通过一系列丰富多彩的活动，让学生在实践中学习和成长。课程内容涵盖了德智体美劳等多个领域，力求让孩子们在各方面得到均衡发展，这也是在传统教学模式之上的一种挑战与创新。

一、理论基础

明确教育的基础框架和核心理念，为后续的分析提供了坚实的理论基础，也便于理解"槐美课程"如何在这一框架内发挥作用。

（一）德智体美劳全面发展的教育理论

德智体美劳全面发展的教育理论强调学生在道德、智力、体育、美育和劳动各方面的均衡发展。教育并不只是知识的传授过程，更是人格的塑造和综合素质的提升。德育关注学生的价值观和品德教育，智育注重智力开发和创新思维，体育关乎身体健康和团队精神，美育提升审美能力和创造力，劳动教育培养实践能力和责任感。

（二）"槐美课程"理念与教育目标的契合性

"槐美课程"理念与教育目标高度契合，其核心是通过多元化的教学模式促进学生的全面发展。双槐树小学的实践表明，"槐美课程"能够有效整合德智体美劳五个方面的教育内容，构建系统性、科学性的教育体系，促进学生的综合素质提升。

（三）国内外相关教育理念的比较分析

国内外教育理论中，均强调教育应关注学生的全面发展。双槐树小学通过引入这些先进理论，结合本土实际，形成了独具特色的"槐美课程"，实现了教育理念的创新与实践的结合。

二、"槐美课程"理念下的德智体美劳教学模式

在"槐美课程"教育理念的引领下，双槐树小学致力于构建一个全面、均衡、和谐的教育生态系统。这一系统以培养"五美好少年"为中心，深度融合了德育、智育、体育、美育和劳动教育的五大核心要素。

（一）德育

立德树人是教育的根本任务，需要将德育贯穿于国民教育的全过程[1]。德育在"槐美课程"理念中居于核心地位，旨在培养学生的道德品质和社会责任感。双槐树小学通过开展丰富的德育活动，如"晨歌午享暮省"、入队仪式和学习雷锋讲故事比赛等，培养学生诚实守信、礼貌待人。这些活动合力增强学生的道德素养，促进他们的个性发展，帮助学生树立正确的价值观和行为规范。例如，在"晨歌午享暮省"活动中，学生早上集体高唱一首励志歌曲，午间轮流分享读书心得，晚上回家反思一天的行为。

（二）智育

智育在"槐美课程"理念中扮演着重要角色，重在培养学生的智力和批判性思维。双槐树小学通过创新教学方法，如项目式学习和探究式学习，激发学生的学习兴趣和创造力，同时培养了独立思考和解决问题的能力。例如，学校举办"科技创造美好"机器人编程比赛，开展实验操作、科学探究活动，充分发挥学生的动脑动手能力，提升学生的科学素养。

（三）体育

体育教育在"槐美课程"理念中不可或缺，它关乎学生的身体健康，同时还能培养学生的团队协作精神。双槐树小学通过丰富的体育活动，如篮球、羽毛球和武术等，增强学生的体质和团队意识。例如，学校组织举办的"德·能杯"体育节，学生通过参与田赛、乒乓球、亲子竞赛、广播体操、拔河等项目，展现了良好的体育道德和团队精神。

（四）美育

美育在"槐美课程"理念中体现了教育对学生审美能力和创造力的重视。双槐树小学的书画教育是本校课程的一大特色，学校通过开展绘画、书法和音乐等美育活动，提升学生的审美修养和艺术素质。这些活动丰富了学生的校园生活，还激发了他们的创造力和艺术表现力。例如，学校设立了书法、绘画兴趣小组，并举办多场主题书画大赛，学生通过绘画、书法等艺术创作，表达自己的情感和思想，同时增强自己的自信心和艺术鉴赏力。

（五）劳动教育

劳动教育在"槐美课程"理念中具有重要价值，旨在培养学生的实践能力和责任感。双槐树小学充分利用社会资源建立生活劳动和社会实践基地，通过参加社会公益劳动、社会实践锻炼和以学工、学农、学军等方式，对孩子进行热爱劳动、尊重劳动人民的教育和生活劳动技能培训，培养自立、自强的品格和艰苦奋斗的精神，提高交往、合作和服务的社会能力。例如，学校组织的"见圾行事 从我做起"社会实践活动，学生组成环保志愿者，在德育处老师的带领下，清洁滨江公园，在这个过程中培养了学生的环保意识和社会责任感。

三、实践路径与策略

为了让"槐美课程"教育理念深入实践，双槐树小学在多个方面进行了积极的探索与尝试。

（一）创新教学模式的实施策略

双槐树小学通过构建"槐美课程"体系，探索出一条创新的教学模式路径。学校通过丰富课程内容、优化教学方法和加强课外实践，确保学生在德智体美劳各方面得到全面发展。同时，学校注重课内与课外的结合，使学生在不同场景中均能得到锻炼和提升。例如，学校在教学中引入项目式学习和探究式学习，通过小组合作等方式，培养学生的创新能力和团队精神。

（二）教师角色的转变与专业发展

现代教育要求教师不仅是知识的传递者，更是教育和学习的组织者、指导者和启发者[2]。教师在"槐美课程"理念下需要不断转变角色，从知识的传授者转变为学生成长的引导者。双槐树小学通过加强教师培训、提升教师素质和构建教师成长体系，促进教师专业发展。学校鼓励教师开展教学研究和创新实践，不断提高教育教学水平，定期组织教师参加各类专业培训和教学研讨会，提升教师的教学技能和专业素养。通过这些培训，教师掌握了新的教学方法，增强了教育创新的能力。

（三）家校社合作模式的构建

家庭、学校和社会的紧密合作是"槐美课程"理念实施的重要保障。双槐树小学通过建立家校合作机制、组织家长课堂和社区活动，构建了良好的教育生态系统。这种合作模式不仅可以丰富教育资源，还增强了教育的实效性和针对性。例如，学校在家长会上邀请教育专家为家长提供科学的教育指导，帮助家长更好地陪伴孩子的成长。

四、问题与挑战

在实施"槐美课程"的过程中，虽然双槐树小学已经取得了一些阶段性成绩，但正如任何教育改革都会遇到问题一样，学校也面临着诸多挑战和需要解决的问题。这些挑战关乎教学模式的完善，更关乎如何更好地适应学生的需求，促进他们的全面发展。

（一）当前教学模式面临的主要问题

如何在有限的教学时间内实现德智体美劳全面发展，如何针对不同学生的个体差异制定差异化教学策略等，都是需要进一步探索的问题。为了解决这些问题，学校积极开展教育科研，探索更加有效的教学模式和方法。

（二）学生个体差异与教学模式的适应性

学生个体差异巨大，如何在统一的"槐美课程"框架下，兼顾每个学生的个性化需求，是教学模式创新的重要课题。双槐树小学通过分层教学和个性化辅导，努力实现因材施教，促进每个学生的全面发展。例如，教师尝试在课堂教学中根据学生的不同学习水平和兴趣，制订不同的教学计划和学习任务，确保每个学生都能得到适合自己的教育。

（三）资源配置与教学模式创新的平衡

"槐美课程"的全面实施需要大量的教育资源，包括师资、场地和设备等。如何在资源有限的情况下，实现教育资源的优化配置，是教学模式创新面临的重大挑战。双槐树小学通过整合校内外资源，积极寻求社会支持，有效解决了这一问题。例如，学校在兴趣小组活动中，科学统筹，教师既是学科教师又是活动辅导教师，实现了教室和活动室、教师与辅导员"一室（师）双用"。

双槐树小学的实践表明，"槐美课程"理念下的教学模式创新，能够有效促进学生的德智体美劳全面发展。学校通过丰富多彩的教育活动和科学系统的课程设置，实现了学生综合素质的全面提升。

随着教育理念的不断发展和教育技术的进步，"槐美课程"将进一步优化和完善。学校应继续探索创新的教学模式，注重学生个性化发展和全面素质提升，不断提升教育教学质量。

参考文献

[1] 王金宝. 立德树人引领下的学生德智体美劳全面发展 [J]. 文教资料，2020, (17): 141-142+156.

[2] 刘兴凡. 改变传统教学方法构建新型教学模式 [J]. 辽宁教育行政学院学报，2007, (12): 68.

地方文化资源在学校课程中的挖掘与利用

—— 以双槐树小学"槐美课程"为例

◎ 唐平英

　　地方文化资源在教育中的重要性不可忽视。文化是一个地区的灵魂和根基，更是国家软实力的重要组成部分。教育作为文化传承和创新的重要载体，在弘扬和传播地方文化中扮演着至关重要的角色。通过系统的教育，学生能够继承和发扬地方文化，还能增强对家乡的认同感和自豪感。在此背景下，双槐树小学探索而来的"槐美课程"作为一种创新的教学方式，通过结合地方文化资源，为学生提供了一条通向文化传承和创新的途径。本文将以位于江津区白沙镇的双槐树小学为例，探讨如何在"槐美课程"中挖掘和利用地方文化资源。

一、江津区白沙镇文化资源概述

　　江津区白沙镇地处重庆市西南部，拥有丰富的自然和人文资源。这片土地有着悠久的历史和深厚的文化底蕴，保留着丰富多彩的民俗传统。江津区白沙镇的文化资源包括抗战文化、民俗文化、非物质文化遗产等，这些都是极为珍贵的教育资源。双槐树小学作为江津区白沙镇一所历史悠久的学校，承载着丰富的文化内涵和教育传统。学校创办于 1934 年，几十年来积淀了深厚的文化底蕴，形成了独特的学校文化和教育特色。

　　"槐美课程"在双槐树小学的成长与探索中应运而生。"槐美课程"有狭义、广义之分，狭义单指以书画为特色的美育课程，广义则是以美育为特色的德智体美劳五育，还包括心理健康教育、生命意识教育，"五育+ 心理健康教育+ 生命意识教育"构成整体，有机统一。在"槐美课程"下，学校结合课程教学与弘扬传承地方文化，使学生在学习中感受和认同家乡文化，从而增强文化自信和民族自豪感。"槐美课程"是对学校教育的一种创新，更是对地方文化传承的一种积极探索。

二、双槐树小学"槐美课程"的设计与实施

双槐树小学的"槐美课程"以弘扬学校槐文化、挖掘学校校友文化、传承家乡非遗文化为主要目标，形成了丰富多彩的课程内容和教学活动。

（一）"槐美课程"的目标和内容

"槐美课程"巧妙地串联起学校的槐文化、校友文化以及家乡的非遗文化，共同构建出一个既具深度又具广度的课程体系。

1. 弘扬学校槐文化

学校通过设立槐花文学社、绘画、书法、表演、小百灵合唱团等兴趣小组，传承和弘扬学校的槐文化。例如，槐花文学社参观抗战遗址，讲述和书写抗战故事；书法兴趣小组书写抗战歌谣和楹联；绘画兴趣小组创作漫画和编写抗战故事；表演兴趣小组编排抗战文化情景剧；小百灵合唱团演唱抗战歌曲。

2. 挖掘学校校友文化

学校通过建立校友人才数据库，邀请优秀校友回校指导学生，并结合校友的成功经验设计课程内容。例如，知名画家陈可之回校成立美术学校，指导学生的绘画创作，使学生在艺术方面得到了专业的培训和指导。学校还通过举办校友讲座和文化活动，让学生了解校友的成长经历和成功经验，激发他们的学习热情和奋斗精神。

3. 传承家乡非遗文化

学校通过在校内开设舞龙、腰鼓等兴趣小组，让学生亲身体验和学习家乡的非遗项目。例如，金钱板、风筝制作等项目在校园落地，学生学习了制作方法，还了解了这些技艺背后的文化故事。在实际操作中，学生掌握了传统技艺，还在校园文化节等活动中展示自己的作品，增强了对非遗文化的认同感和自豪感。白沙镇如果举办闹元宵活动，双槐树小学这条"小龙灯"是必不可少的。每次游街，涌动的人群都举着手机"咔咔"拍照，嘴里还啧啧赞叹，学校的"小龙灯"还得了一个好听的名字——双小龙。

（二）课程实施的具体措施

为了更好地将地方文化融入教学，学校采取一系列具体措施，旨在通过多元化的教学活动，激发学生的学习兴趣，培养他们的文化素养和家国情怀。

1. 兴趣小组的组建与活动开展

学校成立多种兴趣小组，包括书法、绘画、武术、舞龙和腰鼓等，通过定期活动让学生参与其中，激发他们对地方文化的兴趣。例如，武术兴趣小组不仅操练抗战时期白沙武林人士为抗击倭寇而创编的武术套路《满江红》，还开展武术进校园活动，师生习武，文武并重，传承白沙抗战文化。

2. 校本教材的编写与使用

根据地方文化特点，学校编写了多种校本教材。例如，关于白沙抗战文化的教材，让学生通过阅读和实践活动了解家乡的抗战历史。学校还利用网络资源、远程教育资源和其他校本资源，播放爱国主义教育影片及其他具有教育意义的宣传片，加强对学生的思想道德教育，培养学生的家国情怀。

3. 社区参与和社会实践的结合

学校积极组织学生参与社区活动，例如到白沙抗战遗址参观、参加社区文化节等，通过实际参与增强学生的文化认同感。学校还组织学生到公共场所、校外社会实践基地进行参观调查、采风，培养他们适应社会、融入社会的能力。"我是家乡小导游"活动是双槐树小学的一张名片。学校组织学生分组分区域对白沙的知名景点和特色美食进行详细生动的讲解，学生在讲解时不仅锻炼了口才还增进了对家乡的了解与认同，激发了对白沙的热爱。

三、地方文化资源在"槐美课程"中的挖掘

在深入探索"槐美课程"的丰富内涵时，不得不提及的是：如何将地方文化资源巧妙地融入其中，使其既保持原有的文化韵味，又能适应现代教育的需求。以下便是几个具体的实施路径。

（一）学校槐文化的挖掘与课程融合

双槐树小学通过槐花女子管乐队、小百灵合唱团等艺术教育实践，将学校槐文化融入课程中。此外，学校还注重礼仪教育和启业课程的实施，为一年级新生开好蒙、启好步。这些活动传承学校文化的同时，也在增强学生的艺术素养和道德修养。

学校还通过书法、绘画、舞蹈等多种形式，让学生在实践中感受和学习学校槐文化。例如，江津区第一支女子管乐艺术团——槐花女子管乐团，通过刻苦训练，在校内外的比赛、表演中大放异彩，屡获殊荣，成为学校的一

张文化名片；小百灵合唱团则通过演唱传统民歌和校歌，展示了学校的音乐教育成果和文化底蕴。

（二）校友文化的挖掘与课程融合

通过建立校友人才数据库，学校邀请知名校友回校参与课程设计和指导。例如，知名画家陈可之回校成立"白沙陈可之美术学校"，并率领一批批书画名家指导学校书画教育，引领学校书画教育的良好发展。

学校还特别注重挖掘校友的成功故事，将其纳入槐美课程。例如，革命先烈谭祖尧、上将丁衡高等校友的英勇事迹，被编写成校本教材，让学生在学习过程中感受到榜样的力量，从而增强他们的爱国主义精神和社会责任感。

（三）非遗文化的挖掘与课程融合

非遗文化的挖掘与课程融合是一个长期而复杂的过程。学校需要不断探索和创新，将非遗文化真正融入学生的日常生活中，让他们成为非遗文化的传承者和弘扬者。例如，学校通过开设金钱板、风筝制作等非遗项目的兴趣小组，将非遗文化融入课程中。学生在课程中学习这些技艺，并了解这些技艺背后的文化故事和文化内涵。

四、"槐美课程"对地方文化传承的促进作用

文化的传承并非孤立的过程，而是需要一系列桥梁和纽带来连接过去与现在、个体与集体。"槐美课程"以其独特的方式，搭建起了一座座通向地方文化深处的桥梁。

（一）提升学生对地方文化的认同感和自豪感

通过在课程中实际参与地方文化活动，学生对家乡的历史、文化有更深入的了解，便于增强他们对地方文化的认同感和自豪感。例如，舞龙兴趣小组的学生在排练和表演过程中，锻炼了身体，提高了表演技能，还增强了对地方文化的认知。

（二）提高学生综合素养与个性特长

"槐美课程"注重学生综合素养的培养。学校通过多种兴趣小组和课外活动，为学生提供了展示自己特长和才华的平台，力求让每一位学生"人人有特长，个个有发展"。例如，通过书法、绘画、合唱等艺术教育，学生的

艺术修养得到了提升；通过武术、体育活动，学生的体质得到了增强。

（三）创新教学方法促进地方文化传承

"槐美课程"通过多种创新教学方法促进地方文化的传承。例如，通过实践活动、社区参与、校本教材等多种形式，使学生在亲身体验中学习和传承地方文化。

学校还通过与社区、社会各界的合作，丰富课程内容和教学形式。例如，邀请当地的民间艺人和劳动能手到校讲授传统技艺，组织学生到社区参加文化活动，通过这些方式，使学生在实践中感受到地方文化的魅力。

五、"槐美课程"的成效与反思

"槐美课程"作为双槐树小学的一项特色教育课程，践行以来为学生提供了多样化的学习体验，并让学校与家庭、社会紧密联结。以下是对"槐美课程"成效的详细阐述以及未来的展望。

（一）师生成就

双槐树小学的学生在全国、市区等各级各类大赛中表现优异，屡获佳绩。例如，在书法比赛、绘画比赛、合唱比赛等方面，学生取得了多个奖项，展示了"槐美课程"的不菲成绩。获奖是对学生努力和才华的肯定，能够激发他们继续学习和提升自己的热情，也是对学校"槐美课程"的一种认可。

（二）家社支持

家长和社会对"槐美课程"给予高度认可和支持。学校通过家长会等平台，让家长充分了解到孩子在课程中的成长，家长了解后纷纷表示支持和赞赏，并积极配合学校的教育活动。

（三）问题与挑战

尽管"槐美课程"取得了显著成效，但在实施过程中也面临着一些问题和挑战。例如课程内容如何进一步丰富和完善，教师队伍的专业水平如何提升等。学校在课程实施过程中，还面临着如何更好地整合和利用地方文化资源的问题。例如，如何将更多的地方文化资源引入课程，如何通过创新的教学方法提高课程的吸引力和实效性。

（四）未来展望

未来"槐美课程"将继续发展和完善，不断挖掘和利用地方文化资源，丰富课程内容。学校还计划通过加强教师培训，提高教师队伍的专业水平，使他们能更好地指导学生学习和传承地方文化，让课程更具吸引力和实效性。

六、结论

双槐树小学的"槐美课程"在地方文化资源挖掘与利用方面取得了显著成效，为地方文化的传承和弘扬作出了积极贡献。将地方文化作为课程的一部分，能够帮助学生了解和认同自己的文化和历史，从而增强对民族和国家的认同感[1]。

地方文化资源在教育中的价值和潜力巨大，其他地区在教育实践中可以借鉴双槐树小学已有的这些尚不完善的经验，结合自身的文化资源，开展具有地方特色的教育活动，促进学生全面发展和地方文化的传承。

参考文献

[1] 李臣之，王虹，董志香 . 地方文化的课程价值刍议 [J] . 教育科学研究，2014, (09): 61-66.

心理健康教育融入"槐美课程"的实践与成效研究

◎ 刁攀利

双槐树小学广义上的"槐美课程"体系，在五育基础上还包含心理健康教育，倡导"身心健美，阳光向上"。在我国许多乡村小学，心理健康教育往往被忽视。乡村小学生的心理健康教育受到教学资源、经济水平等方面的局限[1]，在成长过程中缺乏系统的心理健康教育支持，导致许多学生在面对情绪管理和压力应对时表现出明显的困惑和无力感。

本文旨在探讨心理健康教育如何有效融入乡村小学课程体系，并评估其对学生情绪管理、压力应对及整体心理健康的积极影响。以双槐树小学将心理健康教育融入"槐美课程"为例，分析心理健康教育在乡村小学课程中的实施效果，期望为乡村教育工作者提供有益的参考。

一、心理健康教育的理论基础

要探讨心理健康教育的理论基础，笔者将从心理健康教育的定义与目标出发，逐步揭示其背后的理论支撑与实践逻辑。

（一）心理健康教育的定义与目标

心理健康教育是指通过系统的教育活动，帮助学生认识和调节自己的情绪，掌握应对压力的方法，培养良好的人际交往能力，从而促进其心理健康发展的过程。其目标是提高学生的心理素质，增强他们应对生活挑战的能力，促进其全面发展。

（二）乡村小学生心理发展的特点

乡村小学生心理发展具有明显的阶段性和特殊性。他们的情绪波动较大，情感表达较为直接，且易受周围环境的影响。因此，心理健康教育需要结合他们的心理发展特点，采用合适的方法进行引导和教育。

二、心理健康教育的重要性

心理健康教育在学生的成长过程中扮演着至关重要的角色，深刻地影响着学生的人际交往与学业表现。

（一）心理健康教育对学生全面发展的影响

心理健康教育是影响学生全面发展的重要组成部分。它关系到学生的情绪管理和压力应对能力，良好的心理健康教育能够帮助学生更好地适应学校生活，提高学习效率和生活质量。

（二）乡村小学生心理健康的特殊性

以双槐树小学为例，学校内许多学生由于家庭经济条件和教育资源的限制，常常面临更多的心理压力和挑战。他们的父母多数在外务工，缺乏家庭足够的关爱和支持，导致他们在心理发展过程中存在较多问题。这些问题如果得不到及时的干预和疏导，可能会对他们的成长产生严重的后果。

三、心理健康教育融入"槐美课程"的策略

心理健康教育融入"槐美课程"的过程并非简单的知识堆砌或方法叠加，而是需要一种细腻而巧妙的过渡，以确保课程内容的连贯性和学生的接受度。

（一）课程设计

心理健康教育与"槐美课程"的融合，并非简单的"1+1=2"的算术题，而是经过深思熟虑、精心策划后的系统工程。学校教师的目标是找到心理健康教育内容与各学科课程的最佳结合点，让心理健康教育如同春雨般润物无声地融入学生的日常学习中。

1. 与学科课程结合

学校将心理健康教育内容与语文、数学、科学、艺术等学科课程相结合。在小学语文教学中，教师可以通过分析课文中的情感元素和人物性格，引导学生理解并体验不同的情感状态。例如，在语文课堂讲解《鲁宾逊漂流记》时，可通过故事背景介绍、情感共鸣引导、人物分析与心理品质探讨，引导学生从这篇文章当中挖掘主人公在面对困难和逆境时永不言弃的精神，然后以"永不言弃"为主题开展系列活动。通过生活实例分享、心理调适方法的介绍、角色扮演与情景模拟、主题班会等促进学生之间情感交流，教会学生

在面对困难和挑战时知道如何保持积极的心态和正确的应对方式。

在小学数学教学中，教师可以通过组织数学游戏、数学实验等活动，让学生在轻松愉快的氛围中学习数学，同时提高自信心和抗挫能力。例如，利用纸质的三角形来验证内角和为 180 度的实验，让学生在动手操作中体验成功的喜悦，增强自我效能感。

在小学音乐、美术等艺术类学科中，教师可以通过音乐作品的分析或表演、美术作品的创作等活动，引导学生表达自己的情感和内心世界。

2. 课程设计的本土化与文化适应性

设计适合乡村学生的心理健康教育内容，注重本土化和文化适应性，通过贴近学生生活实际的案例和活动，使学生更容易理解和接受。"槐美课程"结合江津当地资源，开展校外研学活动，如参观坐落于国家 AAA 级旅游景区黑石山的聚奎中学，其深厚的文化底蕴和名人励志故事成为心理健康教育的生动教材。通过参观校园、聆听历史名人励志故事等，让学生感受榜样的力量，从而受到启发和鼓舞，增强自信心和面对困难的勇气。

"槐美课程"还结合当地民俗，开展传统节日庆祝活动和非遗文化进校园活动。如在元宵节时组织开展品民俗、猜灯谜、包元宵等活动，让学生感受传统文化的内涵和意义，以及它们对现代生活的启示和影响。在端午节时开展"龙舟精神"体验活动，培养学生的团队合作精神和坚韧不拔的意志品质，同时学校成立糖关刀、舞龙、腰鼓、风筝等非遗社团，聘请当地民间艺人担任社团指导老师，引导学生对传统文化的热爱，培养学生的传承意识。

（二）教学方法

有了科学合理的课程设计作为基础，接下来便是教学方法的选择与运用了。在乡村小学这个特定的教学环境中，教育者需要采用更加灵活多样、贴近学生实际的教学方法，以激发学生的学习兴趣和参与度。

1. 适合乡村小学的教学方法

采用互动式教学、情景模拟和角色扮演等方法，激发学生的参与积极性。例如，通过课堂剧、情景模拟等形式，让学生扮演不同角色，体验不同的情境，培养学生同理心，提高情绪管理和应对能力。通过采用小组讨论、主题探讨等互动式教学方式鼓励学生积极参与课堂讨论，分享自己的情感和经验，从而在交流中学习和成长。户外拓展、心理游戏等体验式教学活动，让学生在实践中感受心理健康的重要性，并学会自我调节和应对压力的方法。利用多媒体、网络信息化等工具，制作心理健康教育微课、在线心理测试等，丰富教学资源，方便学生随时随地进行学习和自我评估。

2.教师角色与学生参与度的提升

教师在心理健康教育中起着引导和情感支持的作用。通过教师的引导，学生能够更好地参与到课程中来。提高学生的参与度不仅能提升他们的学习效果，还能提高他们的自信心和社交能力。例如，在"情绪管理"主题中，教师引导学生分享自己的情绪体验，并讨论有效的情绪调节方法，从而帮助学生学会自我管理和调节情绪。

（三）教师培训与专业发展

当然，任何优秀的教学策略都离不开教师的有效实施。因此，加强教师的心理健康教育能力培训，提升他们的专业素养，是推进心理健康教育课程融入工作的重要一环。

1.教师心理健康教育能力的培养

开展专门的教师培训，提升教师的心理健康教育能力。培训内容应包括心理健康基础知识、教学方法和案例分析等。通过培训，教师能够掌握科学的心理健康教育方法，并能够在实际教学中灵活应用。

2.持续的专业支持与资源获取

为教师提供持续的专业支持和资源，建立教师交流平台，分享心理健康教育的经验和心得。通过多渠道获取心理健康教育资源，提高教学质量。例如，邀请心理专家定期为教师提供指导和咨询，帮助他们解决在教学过程中遇到的问题。

四、心理健康教育融入"槐美课程"的原则

在融入的过程中，需要学校的教育者始终秉持创新与实践并重的原则，力求在教学方法、内容呈现及学生互动等方面作出突破。

（一）实用性和趣味性

通过多种教学方法激发学生的兴趣。例如，利用主题班会或队会，通过谈话、讨论、讲故事、游戏和情景剧表演等多种方式，使学生在轻松愉快的氛围中学习心理健康知识。通过举办以"心理健康"为主题的手抄报、美术作品、手工制作或征文演讲比赛等，激发学生动力、培养团队协作能力和心

理韧性，为学生的全面发展奠定坚实的基础。同时教师还可以结合实际生活中的问题，设计有趣的情景模拟活动，让学生在实践中学习和掌握情绪管理、压力应对的方法。

（二）多样化的教学方法

采用互动式教学、小组讨论、情景模拟和角色扮演等多种教学方法。通过小组讨论，学生可以互相分享自己的经验和感受，从而在交流中获得启发和帮助。情景模拟和角色扮演能够帮助学生更好地理解和处理实际生活中的问题，提高他们的应对能力和问题解决能力。

五、问题与挑战

在心理健康教育课程融入"槐美课程"的过程中依旧存在一系列挑战与问题。这些问题关乎教育资源与时间的分配，更涉及教师、学生乃至整个社会对心理健康教育的认知与理解。

（一）课程融入过程中的困难与限制因素

在课程融入过程中，存在着课程时间的安排、教学资源的不足等问题。例如，学校的学科课程安排较为紧张，如何在有限的时间内有效融入心理健康教育，是一个需要解决的问题。

（二）乡村教育资源的不足与解决方案

乡村教育资源相对匮乏，需要通过多种渠道获取资源，如政府支持、社会捐助和教师自我提升等。地方教育部门需采取措施，如教育资源向乡村小学适当倾斜、引进与培养高素质的教育人才、建构较完善的心理健康教育服务体系等[2]。

（三）教师与学生对心理健康教育的认知差异

教师和学生对心理健康教育的认知差异可能会影响教育效果，需要通过培训和宣传，提高他们的认知水平。教师需要通过培训了解心理健康教育的重要性和实施方法，学生则需要通过课程学习认识和重视心理健康教育。

六、结论与建议

笔者将从成效总结、推广建议及对政策制定者和教育实践者的启示三个方面进行阐述。

（一）成效总结

实践证明心理健康教育融入"槐美课程"具有显著的积极效果，对学生的情绪管理、压力应对及整体心理健康都有显著提升。心理健康教育能够帮助学生更好地适应学校生活，还能提升他们的学习效率和生活质量，同时，课程也促进了学校与家庭、社区的紧密联系和合作，形成了良好的心理健康教育生态。

（二）推广建议

相关学校应进一步优化课程体系，增加心理健康教育的比重，并通过多样化的教学方法，提高教学效果。各学校应加大对心理健康教育的推广力度，使更多学校和学生受益，可以寻求政府和社会的支持，增加对乡村小学的教育投入，提供更多的心理健康教育资源和支持。

（三）对政策制定者和教育实践者的启示

政策制定者应重视心理健康教育在乡村小学中的重要性，制定相关政策和措施，支持心理健康教育的发展。教育实践者应加强自身专业能力，积极参与心理健康教育的实施和推广。学校通过不断地实践和探索，找到适合乡村小学的心理健康教育模式，为学生的全面发展保驾护航。

参考文献

[1] 吕绪敬 . 农村小学心理健康教育研究 [J] . 科学咨询（科技·管理），2020, (08): 205.

[2] 向章宇 , 肖晓凌 . 乡村小学心理健康教育存在的问题及对策 [J] . 湖南第一师范学院学报 , 2020, 20(05): 63-68.

生命意识教育在"槐美课程"教学中的实施与反思

◎ 王云波

生命意识教育是一种全面的教育理念，它关注个体的生命质量，也强调人与自然和谐共生的关系。小学阶段是孩子性格和习惯形成的黄金时期，因此在这个阶段引入生命意识教育显得尤为重要。在双槐树小学广义上的"槐美课程"体系中，同时包含生命意识教育，倡导"生性坚美，顽强生长"。本文将以"槐美课程"为例，探讨生命意识教育在小学课程中的实施情况，并对其不足之处进行深入反思。

一、生命意识教育的内涵

生命意识教育旨在通过教育让学生认识到生命的价值，树立环保意识，培养社会责任感。

（一）生命价值的认识

生命价值的教育着重帮助学生理解每个生命都是独一无二且宝贵的。这包括对人类生命的尊重，也包括对动物和植物生命的尊重。通过故事讲述、实地考察等方式，可以让学生体验到不同生命形式的美好和独特，培养出包容和关爱之心。例如，在黑石山景区——聚奎中学研学活动中，学生目睹几百棵高大的百年古树，亲身感受几人才能环抱的四百年古树顽强生命力，通过真实体验感受历史的厚重，产生对自然力量的敬畏，认识到生命价值。

（二）环境保护意识

环境保护意识的培养是通过一系列活动和项目来实现的，教育者可以组织学生亲手种植树木，或参与到垃圾分类和回收活动中去。例如，双槐树小学组织学生在植树节参与白沙驴溪河改造"我为祖国添点绿"植树活动，在这个过程中帮助学生认识到自己行为对环境的影响，从而树立起保护地球家园的责任感。

（三）社会责任感

社会责任感的培养则需要通过实践活动和社会服务项目来实现。鼓励学生参与公益活动，如帮助老年人、参与社区清洁行动等，这些活动可以培养学生的同情心和社会责任感，让他们体会到作为社会一员的义务和价值。例如，双槐树小学组织学生担当"槐花志愿者"，在德育处老师的带领下，"见垃圾行事"，开展滨江公园清洁活动，为公园换上新衣服。

二、实施策略

为了有效地在"槐美课程"中融入生命意识教育，我们需要从课程设计入手，并定期为教师提供培训，确保他们能够有效传达生命意识教育的理念。

（一）课程设计

课程设计是实施生命意识教育的基础。在现有的学科框架内，教师可以创造性地整合相关主题，如在数学课上计算森林砍伐的速度，在语文课上阅读关于环境保护的诗歌和短文，在艺术课上创作能够反映生态平衡的作品等。这样的课程设计不仅可以帮助学生掌握知识，还能激发他们的情感共鸣。

（二）教学方法

采用多种教学方法可以提高学生的参与度和兴趣。例如，教师利用多媒体展示动植物的生活习性，让学生们了解生态系统的运作机制。角色扮演也是一个非常有效的方式，通过模拟不同生命角色，学生可以更直观地感受到生命的宝贵和脆弱。例如，在四年级语文课上教授《生命生命》一课时，教师可以让学生分饰"我"、飞蛾、种子……更好地理解生命的多样性与价值。

（三）教师培训

教师是实施生命意识教育的关键。为了确保教师能够有效地传授这些理念，需要定期举办工作坊和研讨会，提供最新的教育资料和技术支持。此外，还可以邀请相关专家来校举办讲座，让教师接触到最新研究成果和实践案例。

三、"槐美课程"中的实践案例

"槐美课程"中针对生命意识教育的内容，除前文提及的部分之外，学校还开展了一系列富有创意的实践活动。例如，学校为了开展一场校内大型手工作品展，组织学生收集废纸、塑料瓶、废布料、果壳、雪糕棍等，经过一双双富有创造力的巧手将其转化为艺术品，最后展出。这个过程既培养了学生的创造力，又增强了学生的环保意识。实践证明，参与过生命意识教育项目的学生在环保行为方面表现得更加积极主动，他们更愿意参与到保护环境的活动中去，并且表现出更高的社会责任感。家长也给予了积极的反馈，认为这类教育对孩子的人格塑造有着积极的影响。

四、反思与讨论

成功的生命意识教育往往具备以下几个要素：清晰的目标设定、有效的课程整合、积极的家校合作以及持续的专业发展。然而，学校在实际操作中也遇到了不少挑战，如资源不足、师资力量薄弱等问题。面对这些挑战，首先，需要更多地借助社会各界的力量，来丰富教育资源。其次，需要强化教师队伍的建设，提高教育者的生命涵养[1]。此外，还需要进一步完善评价体系，以便更准确地衡量生命意识教育的效果。

生命意识教育需要不断探索新的教学方法和技术手段，以适应不断变化的教育环境。期待未来有更多的跨学科合作，利用人工智能等先进技术来丰富教学内容。此外，通过建立全国性的资源共享平台，可以有效地解决资源分配不均的问题，让更多学校受益。

五、结论

"槐美课程"中的生命意识教育在双槐树小学的成功实施，不仅能够帮助学生建立起正确的人生观和价值观，还能促进他们成为有责任感的社会成员。作为教育者，应继续探索更为有效的教学策略，并呼吁政策制定者提供更多支持，以确保生命意识教育能够在更多学校得到推广。这样，下一代才能更好地应对未来的挑战，成为更加成熟、负责的社会公民。

参考文献

[1] 于美艳 . 小学实施生命教育的问题及对策研究 [D] . 内蒙古师范大学 , 2016.

"槐美课程"中学科融合教学
模式的构建与探索

◎ 刘晓玲

随着社会对人才需求的变化，传统分科教学已经难以满足现代社会对复合型人才的需求。学科融合教学作为一种前沿的教学理念与方法，不仅仅是知识的简单叠加，更是思维方式的深刻变革。接下来我将从理论基础出发，探索双槐树小学"槐美课程"中学科融合教学的设计思路与实施框架，并提出改进建议。

一、学科融合教学的理论基础

学科融合教学源于跨学科学习的理念，它强调不同学科之间的相互作用与联系、相互支撑与促进，旨在通过整合不同学科的知识与技能来培养学生的综合素养。这种教学模式能够更好地适应 21 世纪对人才的要求。2022 年，教育部印发了《义务教育课程方案和课程标准（2022 年版）》，基本原则中明确提出：加强课程综合，注重关联性、实践性，引导育人方式变革，着力发展学生核心素养。小学阶段是儿童形成良好习惯和基本素质的关键时期，学科融合教学在此阶段的应用尤为关键。

二、学科融合教学的实施框架

紧密结合本校的实际需求，"槐美课程"的学科融合教学实施框架将围绕三个核心要素展开，即教学策略、教学活动及教学资源，以确保"槐美课程"中的学科融合教学能够有序且有效地推进。

（一）教学策略

在教学策略方面，我们将采用以下三种主要的教学模式来推动学科间的深度融合。

1.项目式学习

通过围绕一个具体的项目来进行学习活动，激发学生的合作探究兴趣。项目式学习不仅能够让学生在完成实际任务的过程中学习和应用新知识，还能在团队协作中提升他们的合作意识与解决实际问题的能力。这种方式通过实际操作让学生更好地理解和掌握理论知识，并能够在实践中不断深化认识。

2.探究式学习

引导学生利用观察、实验等手段主动探索未知领域，这种方法强调学生的主动参与和创造性的发挥。通过自主探究和动手实验，学生不仅能够加深对所学知识的理解，还能在这个过程中培养出良好的科学态度和探究精神，从而提高自身的科学素养。

3.合作式学习

合作式学习是指通过组织学生以小组的形式进行的合作学习，旨在增进同学间的相互交流与合作。合作学习有助于加强学生的团队合作精神和沟通技巧，同时也促进了彼此间的学习与共同进步。在这种环境下，学生能够更加积极地参与到学习活动中，通过相互帮助来实现个人成长和集体发展。

（二）教学活动

为了让双槐树学子更好地融入教学活动中，教育者需要考虑活动的设计以及如何进一步提升他们的参与度。

1.活动设计与组织

设计出具有挑战性和趣味性的活动，来吸引学生积极参与。教学活动的设计应注重学生的参与性和互动性，通过设置富有挑战的任务，激发学生的学习兴趣和动力。例如，数学学科教学《位置与方向》时，融合语文课程《太阳的位置与方向》和科学课程《要是你在野外迷了路》，尝试"调查问卷，了解学情；创设情境，融合课程；体验感知，辨清方向；总结延伸，实践应用"的教学过程。这一教学活动，帮助学生有效地理解了学科知识，在数学课中融合了语文、科学课程知识，各科知识在相互交织中焕发新的生命力。

2.学生参与度的提升

通过多样化的活动形式，提高学生的学习积极性和参与度，多样化的活动形式包括角色扮演、实地考察、实验操作等，能够丰富学生的学习体验，提升其参与度。例如，在教学圆面积计算课后，教师可以带领学生到学校花园观察自动喷水装备，进一步理解圆面积计算方法，并正确计算装备的喷洒面积。学生通过实际参与，加深理解，激发学习兴趣，提高解决问题的能力，为以后进一步学习做好铺垫。

（三）教学资源

教学资源作为学科融合教学的基础，其重要性不言而喻。在实施过程中，充分调动和利用这些资源，可以使教学内容变得更加生动和直观。

1.教学材料的整合与创新

在学科融合教学中，开发和整合跨学科的教学资源是一项关键工作。同时，教学资源的整合与创新要求教师在日常教学中善于运用各种类型的教育资源，包括但不限于多媒体课件、实物教具以及网络上的开放资源等。通过这些多样化的工具，教师可以更好地吸引学生的注意力，使课堂讲解更为形象化，进而增强学生的理解和记忆。

2.信息技术的应用与拓展

信息技术的引入和发展为教学带来了革命性的变化。利用多媒体技术和互联网资源辅助教学，不仅可以增加课堂的互动性，还能让教学内容更加直观易懂。然而，要注意信息技术的应用要符合学科的特点，与传统的教学方式相互配合[1]。这样才能既保持传统教育的优势，又能充分发挥现代科技带来的便利。

三、"槐美课程"中学科融合的教学案例

以双槐树小学的"见圾行事"项目为例，该项目融合了科学、语文、数学、美术、书法、劳动等多个学科的知识。

就具体过程而言，学生首先在科学课上学习了垃圾分类的基本知识；在语文课上写小作文和设计宣传标语；在书法课上撰写"见圾行事"宣传标语；在美术课上设计"见圾行事"宣传海报；在劳动课、综合实践课上去公园或者街道亲身参与垃圾捡拾活动，同时利用自己设计的宣传海报进行环境保护宣传；在数学课上应用统计方法分析校园垃圾的种类和数量。最后，学生在班会上进行了垃圾分类知识的宣传和展示。通过这种综合性的学习活动，学生不仅较为深刻地掌握了各学科的知识，还提升了实践能力和合作能力。

四、影响因素分析

任何教学模式的成功实施，都离不开对多种因素的全面考虑与细致规划。接下来，我将从以下三个方面进行逐一分析。

教学模式的适宜性。不同年龄段的学生具有不同的认知特点和学习需求，学科融合教学应根据学生实际情况进行调整。低年级学生学科融合主要动手操作，实现趣味性；中年级学科融合主要参与活动，实现自主性；高年级拓展探究，实现创新性，体现"做中学""用中学""创中学"的基本原则。

教师专业发展的影响。教师的专业成长是保证教学质量的关键。基础教育课程综合化建设要求小学全科教师必须以课程整合为理念依托，实现教师的卓越发展[2]。教师需要不断提升自己的专业素养和教学能力，才能有效实施学科融合教学。

学校环境与家庭因素。良好的学校氛围和家庭支持有助于提高教学效果。学校应创造良好的教学环境，家长应积极支持和参与孩子的学习，共同促进学科融合教学的实施。

五、学科融合教学实施的困难与建议

学科融合教学在实施过程中可能要面临一些困难，如资源不足、教师培训不够等问题。学科融合教学需要丰富的教学资源，搭配专业的教师队伍，这对双槐树小学来说是一个挑战。

综上所述，"槐美课程"的学科融合教学模式在提高学生综合素养方面显示出明显优势。为了进一步提升教学效果，学校要加强教师培训，提供更多跨学科的教学资源，并建立有效的评价机制。同时，教师在开展学科融合教学时，应关注学生的个体差异，根据学生的不同特点和需求，采取灵活多样的教学策略，确保每个学生都能得到充分的培养。此外，学校还应加大对教师和学生的支持力度，创造有利于学科融合教学的良好环境。通过不断优化和完善，相信学科融合教学将成为培养未来社会所需人才的重要途径之一。

参考文献

[1] 陈净 . 谈小学信息技术与各学科教学的融合策略 [J] . 学周刊 , 2018, (23): 141–142.

[2] 刘艳 , 伍远岳 . 课程整合视角下的小学全科教师及其培养 [J] . 当代教育科学 , 2020, (01): 48–53.

教师角色转型与专业成长

—— 双槐树小学"槐美课程"实施的教师视角

◎ 何小英　辜小敏

学校书画教育在培养学生审美能力、创新精神和文化素养方面具有重要作用。书画课程是艺术教育的重要组成部分，也是全面素质教育的关键内容。随着教育改革的不断深入，书画教育在学校教育体系中的地位愈加重要。本文旨在通过分析教师在双槐树小学"槐美课程"实施中的角色转型和专业成长，探讨书画教育对教师职业发展的影响，并为学校教育提供有效的策略和建议。

一、教师专业成长与影响因素

教师专业成长是指教师在其职业生涯中通过不断学习和实践，逐步提高自身教育教学能力和专业素养的过程。现有研究表明，教师的专业成长需要多方面的支持，包括理论学习、实践探索、同行交流、反思总结等。

关于书画教育对教师影响的研究主要集中在以下几个方面：一是书画技能的提升，二是教学方法的创新，三是教育理念的更新。这些研究表明，书画教育能够提升教师的艺术素养，还能促进其教学能力和综合素质的发展。

二、教师角色的转型

教师角色的转型，笔者将从传统与现代教师角色的对比入手，深入分析教师角色转型的动因，并探讨在学校"槐美课程"建设中教师成长的具体路径，为教师角色的成功转型提供有益的参考和启示。

（一）传统与现代角色对比

在传统教育教学中，教师更多地扮演课堂组织者、知识传授者的角色。而在现代书画教育中，教师的角色更加多元化，不能只做知识的传播者，更要成为学生学习的引导者、目标完成的合作者和创造的支持者。这要求教师具备更高的专业素质和更广的知识视野，以适应教育现代化的需求[1]。

（二）角色转型的动因

"槐美课程"书画教育的实施过程中，学生的多样化需求和个性化发展推动了教师角色的转型。教师需要通过自身的成长和转变，来满足书画教育对教学质量的要求。更需要不断学习和创新，适应新的教育理念和教学模式。

在学校"槐美课程"的建设过程中，学校通过一系列措施，制定具体而详细的教师成长路径，以推动教师角色的转型和专业成长。例如，学校在较早时期对青年书画教师提出的"五年成才"计划：一年入门、二年达标、三年创优、四年冒尖、五年成才。通过常态课、公开课、课题研究等形式，将重要的教学任务交给青年教师，缩短了青年教师的成长时间。

三、专业能力的提升

在探索与实践中，教师在逐步蜕变。这一节主要聚焦于教师如何在"槐美课程"的引领下，实现自身专业能力的飞跃。

（一）技能与知识

"槐美课程"的践行，也使得教师在专业技能和知识方面得到了显著提升。在一次次教学实践和培训活动中，教师巩固了书画的基本技法，还对书画艺术的历史、理论和文化有了更深刻的理解。

（二）教学方法与策略

"槐美课程"书画教育的实施促使教师不断探索和创新教学方法，形成了适应学生特点的教学策略。教师通过开展公开课、课题研究等方式，不断总结和反思教学经验，提升教学效果。例如，学校在教学中采用"自主、合作、探究"的模式，注重学生的参与和体验，注重学生的"活动"，树立全新的价值观、教学观、学习观、过程观、评价观，同时还能更大程度激发学生的学习兴趣和创造力。

学校书画教育要求教师具备艺术教育的专业知识，还要求他们能够引导学生发现和表达自己的艺术感受，促进学生的个性化发展[2]。例如，学校倡导教师"多改变自己，少埋怨环境，乐观处世，笑对人生"，这一积极的人生态度激励着每位教师在专业领域内追求卓越，也让他们在日常教学中融入人文关怀，使书画课堂成为滋养学生心灵、激发潜能的沃土。教师的教育理念和教学方法的创新，能够提高学生在书画课堂上的参与度和体验感。

四、教学实践的转变

"槐美课程"书画教育的实施带来了教学模式的创新。学校倡导新的教学模式,强调学生的动手能力和创造性思维,通过各种活动和项目,增强了学生的参与度和体验感。例如,学校开展的乡村学校少年宫活动,开设了硬笔书法、软笔书法、国画、素描等兴趣小组,为学生提供了丰富的书画学习机会和创作机会,提升了学生的艺术素养、审美能力和综合能力。学校还举办多届校园现场书画大赛,分书法组、绘画组进行现场创作、现场评比,主题有"墨润童年 笔绘童心""翰墨书党恩 丹青绘祖国"等,这些活动的开展,进一步丰富了书画教育的形式和内容,为教师提供了更广阔的教学实践空间,让学生在亲身参与中提升创作技能,增强团队合作和自主探究的能力,从而实现全面发展。

五、教师个人成长与自我实现

学校在进入新时代后,深化书画教育,遵循"让所有的美与你相遇"的办学理念,努力为学生提供更为优质的教育资源。"槐美课程"的实施为教师提供了广阔的发展平台以及实现自我价值、职业满足的机会。通过不断地学习和实践,教师在专业能力和个人素养方面得到了全面提升。教师在书画教学过程中,通过学生的成长和进步,获得了成就感和满足感。例如,学校的邹开均老师,自身擅长国画、手工、油画,作为学校书画教育的中坚力量,指导学生参加国家级、市级、区级比赛,300多人次获得了金、银各类级别的奖励;他个人多次获"全国少儿书画大赛指导一等奖""重庆市艺术人才先进个人"等荣誉称号,在为学校争得荣誉的同时也在实现自我的成长。

六、挑战与对策

教师在"槐美课程"的书画教育实施过程中,面临着诸多挑战,如教学资源不足、专业培训不够、教学压力大等,这些挑战影响了教师的专业成长和课程的顺利实施。

为应对这些挑战,学校可以采取以下策略:一是加强教学资源的投入,提供更多的书画教材和工具;二是加大教师培训力度,提高教师的专业水平和教学能力;三是建立教师交流和合作的平台,促进教师之间的经验分享,助力教师共同成长。

学校充分利用网络资源、远程教育资源和其他校本资源，努力加强课程教学资源的投入；通过积极引进社会力量和优质校友资源，创办白沙陈可之美术学校，邀请书画名家指导学校书画教育，进一步提升教师的专业水平和教学质量；成立"臻美书画苑"，作为师生书画作品的对外展示平台，在学校营造出良好的教育氛围；积极组织师生参与各级书画教研活动、与友好学校开展艺体教研活动等。这些举措让教师有了更多的学习和交流机会，也让校园的艺术氛围更加浓郁。

七、结论

"槐美课程"书画教育的实施对学校教师角色转型和专业成长具有深远的影响。通过多年的实践，教师在专业技能、教学方法和个人素养方面得到了显著提升，逐步实现从职初教师向专家型教师的转变。在未来，双槐树小学也将在书画教育领域继续探索，不断创新教学模式，提升教学质量，为学生的全面发展和教师的职业成长作出更大的贡献。

参考文献

[1] 罗勇 . 教师专业化视野下角色转变的因素探析 [J] . 继续教育研究 , 2009, (01):72-73.

[2] 田丽君 . 新课改下小学美术教师的角色转变 [J] . 美术教育研究 , 2017, (04): 167.

"双减"背景下小学美术教学实践策略探究

◎ 邹开均

　　小学美术教育在培养学生审美情感、创造力和综合素养方面发挥着重要作用。然而，在"双减"政策的背景下，学校美术教学面临着减负、增质的压力，教育改革亟须创新和优化。双槐树小学的"槐美课程"正是关于本项课题的一个典型案例，本文对此进行分析，以实现小学美术教育的全面发展。

一、当前小学美术教学中的主要问题

　　首先，小学美术教学中存在课程内容过于单一和缺乏多样性的问题。通常，美术教学过于注重技巧的传授，忽视了艺术的多元性和创造性。这导致学生的美术学习局限在基本绘画技能上，缺乏对不同艺术形式和风格的了解和探索。因此，课程需要更多地融入综合性的艺术元素，涵盖绘画、雕塑、手工艺等各个方面，以丰富学生的美术体验。其次，教学方法和资源不足以激发学生的兴趣和创造力。很多美术课堂依然采用传统的教学方法，以教师为中心，学生被动接受知识，缺乏互动和探索的机会。此外，美术教材和资源有限，无法满足多样化的教学需求。应该采用更多多媒体、实践活动、实地考察等现代教育方法，以激发学生的主动性和创造性思维。再次，评价体系存在问题。目前，美术教学的评价主要侧重于技术细节，忽略了学生的创造力和审美能力。这种评价方法可能会限制学生的发展，使他们只关注技术而忽略了艺术的本质。应该建立更全面的评价体系，考查学生的创意和表达能力，鼓励他们在创作过程中表现出个性和独创性。最后，师资力量和支持不足是另一个问题。一些小学美术教师可能缺乏足够的艺术背景和培训，难以有效地指导学生。

二、"双减"政策对小学美术教学改革的意义

随着"双减"政策的深入实施，小学美术教学改革迎来了前所未有的机遇。这一政策不仅为学生减轻了学习负担，也为美术教育提供了更广阔的发展空间。下面，我们将从三个方面深入探讨"双减"政策对小学美术教学改革的重要意义。

（一）促进素质教育的实施

首先，要减少繁重的作业和考试压力，让学生能够在更放松的环境中学习和创作。让他们有更多的时间去观察、思考、实践艺术，而不仅仅是完成任务。这有助于提高他们对美术的热情和兴趣，培养自主学习的能力。其次，注重审美和创造力的培养，小学美术教育可以更多地关注学生的个性和兴趣。让学生有更多选择，可以根据自己的兴趣选择不同的艺术媒介和主题进行创作。这有助于激发他们的创造性思维，培养独立思考的能力。

（二）强调学生兴趣和创造力

教师可以更灵活地根据学生的兴趣和特长来设计课程内容和教学活动。这意味着学生可以在更感兴趣的艺术领域深入学习，从而更容易产生学习动力和热情。例如，对于喜欢绘画的学生，可以提供更多涉及不同绘画技巧和风格的课程，以满足他们的兴趣需求。其次，强调学生兴趣和创造力有助于培养学生的自主学习能力。当学生投身于他们热爱的艺术领域时，他们更愿意主动学习、探索和实践。这培养了他们的自主性和独立思考的能力，对未来的学习和职业发展都是至关重要的。此外，小学美术教学也可以通过鼓励学生的创造性思维来加强创造力的培养。鼓励学生表达自己的观点、想法和情感，通过艺术创作来展示独特的视角，这有助于培养学生的创新能力，提高学生解决问题和应对挑战的能力。

（三）推动教学方法的创新

引入多媒体教学。现代技术的广泛应用为小学美术教学提供了全新的可能性。教师可以利用多媒体资源，如视频、图像和在线平台，来呈现艺术作品、技巧和创作灵感。这种交互性的教学方法不仅更具吸引力，还可以更生动地传递艺术概念，激发学生的兴趣。

强调实践活动。通过更多的实践活动，学生能够亲身体验艺术创作的过程，主要包括绘画、雕塑、手工艺等各种实际操作，这些实际操作使学生更

深入地了解艺术技巧和表现形式。这不仅增加了学生的参与度，还有助于他们在实践中发展创造性思维和艺术技能。

跨学科整合。将美术教育与其他学科相结合，可以丰富美术教学内容，使之更具多样性。例如，将美术与科学、文学、历史等学科相结合，让学生通过绘画、雕塑等方式来表达他们对其他学科内容的理解和想法。这不仅加深了学生对知识的理解，还促进了学生的跨学科思维和创新意识。

三、提升小学美术教学质量的有效途径

小学美术教育在培养学生的审美情感、创造力和综合素质方面具有重要作用。然而，长期以来，小学美术教学在一些地区面临诸多挑战和问题，这些问题使得小学美术教学质量面临较大挑战。本文针对提升小学美术教学质量的有效途径进行分析。

（一）引入多媒体教学

首先，多媒体教学可以帮助学生更好地理解和欣赏艺术作品。例如，通过展示著名画作的高清图像，学生可以仔细观察绘画细节，理解画家的技巧和意图。其次，多媒体教学可以丰富教学内容。美术教育不仅仅是绘画，还包括雕塑、摄影、数字艺术等多种形式。通过多媒体，可以向学生展示不同类型的艺术作品，拓宽他们的艺术视野，激发对不同艺术形式的兴趣。再次，多媒体教学有助于提供艺术史和文化背景知识。学生可以通过观看关于艺术家生平、作品背后故事的视频，了解艺术作品的历史和文化背景。这有助于学生更深入地理解艺术的内涵和意义。最后，多媒体教学可以激发学生的创造力。通过展示不同的创作技巧和材料，学生可以从中汲取灵感，尝试不同的创作方式。多媒体教学可以为学生提供更多实际操作的机会，鼓励他们积极参与美术创作。

以小学美术教材《花花绿绿的糖纸》为例，引入多媒体教学可以通过展示画作的高清图片，配以背景音乐，让学生更好地感受到画作中的色彩和情感。同时，通过播放艺术家的访谈视频，学生可以了解到艺术家的创作过程和灵感来源，激发他们对艺术创作的兴趣。这种多媒体教学方式能够丰富课堂内容，提升学生的学习体验，有助于提高小学美术教育的质量。

（二）融入生活元素

首先，融入生活元素可以使美术教学更具实际意义。学生能够将所学的艺术技巧和知识与日常生活相联系，从而理解艺术在生活中的应用价值。这能够激发学生的学习动力，因为他们认识到美术不仅仅是课堂上的一门学科，还与他们的日常生活息息相关。其次，融入生活元素可以提高学生的审美能力。学生通过观察和分析日常生活中的艺术元素，如建筑、服装、广告等，能够培养对美的感知和欣赏。这有助于提高学生的审美水平，使他们更具鉴赏力。此外，融入生活元素还能促进跨学科学习。美术教学可以与其他学科，如自然科学、社会科学、文学等相结合，通过绘画、雕塑、手工艺等方式来表达与学科内容相关的主题和概念。这有助于学生更全面地理解和应用知识。最后，融入生活元素可以增加美术教学的趣味性。将日常生活中的元素引入课堂，能够使教学更具趣味，增强学生的参与度和学习体验。

以小学美术教材《奇妙的撕纸添画》为例，教师可以引导学生观察身边的撕纸艺术和拼贴艺术，如海报、贺卡等，然后鼓励学生模仿并加以创作。通过这种方式，学生可以将自己的日常生活经验融入艺术作品中，增强他们的创作能力和审美意识。这种融入生活元素的教学策略有助于学生更加深入地理解和欣赏艺术，提升小学美术教学的质量。

（三）组织实践活动

首先，实践活动可以提供学生更直接的艺术体验。艺术不仅仅是理论知识，更是实际操作和创造的过程。通过组织实践活动，学生有机会亲自动手制作艺术作品，了解艺术技巧和材料，感受创作的乐趣。这能够激发他们的学习兴趣，培养他们的实际操作技能。其次，实践活动可以促进学科知识与实际运用的结合。学生可以将所学的艺术知识应用到实际创作中，如绘画、雕塑、手工艺等。这有助于巩固他们的理论知识，提高应用能力。此外，实践活动也有助于培养学生的创造力。通过自主的创作活动，学生有机会发挥想象力，尝试不同的创作方式，表达自己的思想和情感。这有助于培养学生的创新精神和独立思考能力。最后，实践活动能够增加学生对艺术的热爱和自信心。通过成功的创作和实践，学生会更有自信，更愿意积极参与美术教育活动，从而更深入地学习和探索艺术领域。

以小学美术教材《小鸟找家》为例，教师可以组织学生实地观察和绘制周围的自然景色，如树木、花草、小鸟等。学生可以在户外创作，感受大自然的美丽，并将所见所感融入艺术作品中。这种实践活动有助于学生更深入地理解艺术与自然的关系，提高他们的观察和表现能力，以及对艺术创作的热爱。这一策略能够有效提升小学美术教学的质量。

（四）从兴趣出发

首先，了解学生的兴趣和爱好。教师可以通过调查问卷、小组讨论或个别交流等方式，深入了解每位学生的艺术兴趣和喜好。这有助于教师更准确地把握学生的需求，个性化地设计教学内容。其次，鼓励学生选择自己感兴趣的创作主题。在美术创作中，学生可以根据自己的兴趣选择主题，展现自己的独特视角。这有助于激发他们的创造力，使他们更主动地投入到艺术创作中。此外，提供多样化的艺术材料和媒体选择。学生可能对不同的艺术媒体和材料有不同的兴趣。教师可以提供多种选择，如绘画、雕塑、摄影等，让学生根据兴趣来探索和实践。最后，鼓励学生分享自己的作品和成就。通过展示和分享，学生能够得到他人的认可和鼓励，增强他们的自信心。

以小学美术教材《小动物盖房子》为例，如果学生对动物和自然景观有浓厚的兴趣，教师可以引导他们选择这个主题进行创作。学生可以用自己喜欢的艺术媒体，如水彩、彩铅等，来表现动物和自然的场景。这样的个性化创作能够激发学生的热情，提高他们的学习积极性，从而有效提升小学美术教学的质量。

（五）增加创意元素

设计富有创意的教学任务。教师可以制订开放性的任务，要求学生根据自己的创意和想法来完成作品，包括要求学生发挥联想、想象和创新，不是按部就班地复制模板或示范作品，而是引导学生进行艺术探索。教师可以提供多种艺术媒体和技巧的选择，鼓励学生尝试不同的方式来表达自己的创意。这有助于学生拓宽艺术领域的认识，发现自己的兴趣和潜力。此外，创意元素可以与其他学科整合。学生可以通过艺术创作来表达对其他学科内容的理解和想法，如历史、文学、科学等。这种跨学科的创作有助于培养学生的综合思考和创新能力。最后，提供展示和分享的机会。学生的创意作品可以在班级或学校内进行展示，让他们分享自己的成就。这有助于建立积极的学习氛围，激励学生更努力地投入到美术学习中。

以小学美术教材《会飞的娃娃》为例，教师可以鼓励学生在绘画娃娃的过程中发挥创意，不仅仅局限于传统的娃娃形象，可以赋予娃娃独有的特征和故事。学生可以选择不同的表现方式，如颜色、材料和形状，来呈现自己的创意。这种创造性的任务能够激发学生的想象力，培养他们的艺术表达能力，从而有效提升小学美术教学的质量。

（六）鼓励学生自主学习

首先，提供学习资源和材料。教师可以为学生提供艺术书籍、网络资源、艺术家的作品集等多样化的学习材料。学生可以根据自己的兴趣和需求来选择和使用这些资源进行自主学习和探索。同时，鼓励学生设定学习目标。学生可以制订自己的学习计划和目标，明确想要达到的艺术技能和知识水平。教师可以提供指导和建议，帮助学生制定合理的目标，并监督他们的进展。其次，创造学习环境和机会。教师可以提供一个富有创造性和启发性的学习环境，如艺术工作室或创意角落。学生可以在这里自由地探索和实验，发挥创意，不受太多束缚。此外，鼓励学生参加艺术比赛和展览。这些活动可以激发学生的竞争意识和动力，使他们更积极地学习和创作。教师可以指导学生参与比赛，并提供必要的支持。最后，评价和反馈是重要的。教师可以定期对学生的作品进行评价和反馈，指出优点和改进的方向。这有助于学生不断改进自己的作品，提高自己的艺术水平。

以小学美术教材《猜猜我是谁》为例，教师可以鼓励学生选择自己感兴趣的动物主题，然后自主学习这些动物的特征、习性和生活环境等知识。学生可以自己选择合适的艺术媒体和技巧，创作代表这些动物的作品。这种自主学习和创作的方式能够增强学生的自信心和独立思考能力，提高小学美术教学的质量。

（七）建立学生作品展示和评价体系

首先，明确评价标准和目标。教师应该明确制定美术作品的评价标准，包括技巧、表现力、创意等方面的要求。学生需要知道什么是成功的标准，并能够根据这些标准来自我评价和改进。同时，鼓励学生分享作品。学生的作品可以在班级内或学校内进行展示，让同学和教师欣赏和评价。这有助于建立积极的学习氛围，让学生感到自己的努力和成就得到认可。其次，提供具体的反馈。教师应该给予学生具体的反馈，指出作品的优点和需要改进的地方，这样的反馈应该具有建设性，能够帮助学生改进自己的作品和艺术技巧。此外，鼓励学生参加艺术比赛和展览。这些活动可以提供更广泛的展示和评价机会，让学生的作品得到更多人的欣赏和认可。这有助于激发学生的学习兴趣和动力。最后，建立学生作品的档案记录。学校可以建立学生作品的档案记录系统，记录学生的艺术成长历程。这不仅可以帮助学生追踪自己的进步，还可以作为未来发展和申请艺术学院的重要参考。

以小学美术教材《蚂蚁搬家》为例，教师可以鼓励学生根据这个主题创作作品，并在班级内进行展示。学生的作品可以根据评价标准进行评价，指出作品的亮点和需要改进的地方。这种展示和评价的方式可以激励学生更积极地参与美术学习，提高小学美术教学的质量。

随着"双减"政策的推出和普及，小学美术教育也需要不断创新和优化。我们需要积极探索创新的教学方法和措施，加强师生互动，构建更有活力的美术教育体系。同时，加强教育工作者的培训和专业发展，提高他们的教育水平和教育质量。通过这些途径，教师可以更好地满足学生的需求，提高小学美术教学的质量，为学生的全面发展奠定基础。

浅谈项目式学习
在小学书画课程中的实施策略
—— 以"槐美课程"为例

◎ 刁德波

随着教育理念的不断发展和更新，越来越多的学校开始探索各种有效的教学方法，以培养学生的综合素质和创新能力。项目式学习（Project-Based Learning，下文简称PBL）作为一种以学生为中心的教学方法，实际项目的开展，使学生在解决真实问题的过程中掌握知识和技能。将PBL引入小学书画课程，可以激发学生的艺术兴趣，还能有效促进他们的艺术水平、创新思维和实践能力的提升。本文将以双槐树小学"槐美课程"为案例，探讨PBL在小学书画课程中的实施策略，并通过具体案例分析其作用。

一、项目式学习的基本概念

项目式学习是一种基于项目的教育方法，学生通过参与实际的项目活动，学会在解决真实问题的过程中掌握知识和技能。这种教学方法强调学生的主动参与、合作学习和跨学科知识的综合运用。PBL的核心是以项目为载体，通过探究、设计、实施和反思等环节，培养学生的批判性思维、创造力和问题解决能力。

二、项目式学习在"槐美课程"中的实施策略

在PBL的框架下，小学书画课程能够焕发出新的活力与魅力。该部分主要探讨如何在学校"槐美课程"中实施PBL，以期达到更佳的教学效果。

（一）明确学习目标

在实施PBL时，首先需要明确学习目标。教师应结合课程标准和学生的实际情况，设定清晰的学习目标。这些目标既要包括书画技能的掌握，还应涵盖艺术鉴赏能力和创造力的培养。例如，在书法课上，学校的书法教师通

过"汉字演变"这一项目，让学生了解汉字的发展历史，培养他们的书写技能和文化素养。

（二）设计有意义的项目

项目的设计应紧密结合学生的兴趣和实际生活，以提高他们的参与度和学习积极性。一个有意义的项目应该具有实际价值，能够激发学生的创作欲望。例如，在绘画课上，美术教师设计"家乡风景画"项目，让学生通过观察和描绘江津的美景，表达对家乡的热爱，培养他们的观察力和绘画技巧。

（三）提供必要的支持与资源

在项目实施过程中，教师应提供必要的支持和资源，帮助学生顺利完成项目，包括提供相关的书画材料、组织艺术家讲座、安排美术馆参观等。例如，学校借助丰富的校友资源，建立起校友人才数据库；知名画家陈可之返校成立"白沙陈可之美术学校"，指导书画兴趣小组活动。这些举措为教师和学生完成学习项目提供了强大的支持和资源。

（四）促进合作与交流

PBL强调团队合作与交流，教师应引导学生在项目中进行小组合作，分工协作，互相学习。在合作过程中，学生可以通过讨论、分享和反思，深化对项目主题的理解，并培养团队协作能力。例如，在绘画课上，教师和学生走出绘画教室，到户外场地组织开展"集体壁画创作"项目，让学生分组负责不同的部分，通过合作完成一幅完整的壁画作品。

（五）进行过程性评价与总结

项目的实施过程需要进行持续的评价与总结。教师可以通过观察、访谈、作品展示等多种方式，对学生的表现进行过程性评价，及时给予反馈和指导。采用多元化的评价方式，不仅评价学生的最终作品，还要关注过程中的表现、合作态度和创新能力[1]。在项目结束时，组织学生进行总结与反思，分享项目成果和经验教训，帮助他们不断提升自己的艺术水平和创造力。

三、项目式学习实施案例分析

为了更好地理解PBL在"槐美课程"中的具体实施策略，可以通过以下两个案例进行分析。

（一）案例一：书法课上的"汉字演变"项目

在五年级书法课上，教师设计了一个关于"汉字演变"的项目。项目的目标是让学生了解汉字的演变历史及其在书法艺术中的应用。

1.项目启动

教师利用多媒体设备展示不同历史时期的汉字图片，如甲骨文、金文、篆书、隶书、楷书、行书和草书等，让学生欣赏、感悟。随后，教师提出问题："你知道汉字是如何演变的吗？"并组织学生进行讨论。学生积极参与讨论，有的认为汉字的演变是因为书写工具的变化，有的认为是随着人们的生活需求而不断改变。通过讨论，学生对汉字演变的问题产生了浓厚的兴趣。

2.项目探究

学生分组开始进行探究活动。每个小组选择一个历史时期，通过图书馆查阅书籍、网上搜索资料等方式，收集该时期的汉字资料。在收集资料的过程中，学生不仅了解了汉字的演变过程，还对当时的社会背景、文化特点有了更深入的认识。同时，每个小组还临摹了一些具有代表性的字形。在临摹过程中，教师提供必要的书法工具和资料，并亲自示范书写技巧，指导学生正确握笔、运笔，把握字形的结构和笔画的粗细变化。

3.项目展示

每个小组完成临摹后，制作展示板，向全班同学介绍自己的研究成果和临摹作品。展示板上不仅有临摹的汉字作品，还有详细的文字说明，介绍该历史时期汉字的特点、演变过程以及小组在探究过程中的收获和体会。在展示环节，各小组代表依次上台，讲解自己的研究成果。台下的同学认真倾听，不时提出问题和自己的看法。通过展示与交流，学生对汉字演变的理解更加深刻，同时也锻炼了自己的表达与沟通能力。

4.项目反思

在项目结束时，教师组织学生进行反思与总结。学生分享自己的收获与不足，有的学生通过这个项目，不仅学会了很多书法技巧，还了解了汉字的悠久历史，对汉字文化有了更深的认同感；有的学生在小组合作中，学会了如何与同学沟通和协作，提高了团队合作能力；还有的学生在临摹过程中，发现自己的书写还有很多不足之处，需要继续努力。接着，学生讨论如何在日常书法练习中融入对汉字文化的理解。有的学生提出可以在书写时，想象自己是古人，用当时的书写方式和心态来创作；有的学生建议可以选择一些具有历史文化内涵的诗词进行书写，感受汉字的魅力。

（二）案例二：绘画课上的"家乡风景画"项目

在三年级绘画课上，教师设计了一个关于"家乡风景画"的项目。项目目标是让学生通过观察和描绘家乡江津的美景，培养观察力和绘画技巧。

1. 项目启动

教师首先通过多媒体展示一些著名风景画作品，如梵高的《星夜》、莫奈的《日出·印象》等。这些作品色彩斑斓、笔触细腻，让学生感受风景画的魅力。接着，教师引导学生思考："你觉得我们的家乡有哪些美丽的景色？"并组织学生进行讨论。学生踊跃发言，有的说家乡的长江很美，有宽阔的江面、雄伟的大桥；有的说家乡的四面山很壮观，有茂密的森林、清澈的溪流；还有的说家乡的石坝街很有韵味，有古老的建筑、石板路。通过讨论，学生对家乡美景有了更深刻的认识，也激发了他们描绘家乡美景的热情。

2. 项目探究

学生分组走出课堂，进行实地观察。他们通过拍摄照片、记录观察笔记等方式，了解家乡的自然景观和人文景观。在观察过程中，教师始终陪伴在学生身边，提供必要的指导和帮助。教师引导学生注意观察景物的形状、颜色、纹理等细节，还教他们如何选取合适的角度进行拍摄和记录。

3. 项目创作

观察结束后，学生回到课堂，开始进行绘画创作。每个学生选择一个自己最喜欢的家乡景色，回忆自己在实地观察中的感受，用所学的绘画技巧进行创作。在创作过程中，教师提供必要的绘画材料和指导，帮助学生提升创作水平。教师鼓励学生发挥自己的想象力和创造力，大胆地用色彩和线条表达自己对家乡的热爱之情。

4. 项目展示

每个学生完成作品后，学校举办"家乡风景画展览"，邀请全校师生和家长参观。学生站在自己的作品旁边，向大家介绍自己的创作过程和心得体会。全校师生和家长纷纷驻足欣赏，不时发出赞叹和表扬。学生通过展示自己的作品，分享创作过程和心得体会，不仅增强自信心和成就感，还让更多的人了解了家乡的美丽。

5. 项目反思

在项目结束时，教师组织学生进行反思与总结。学生分享自己的创作心得和收获。有的学生表示自己通过实地观察，发现了很多以前没有注意到的家乡美景；有的学生说在绘画过程中，学会了如何用色彩表达自己的情感；还有的学生感慨通过这个项目，更加热爱自己的家乡了。接着，学生延伸讨论了如何在日常生活中发现和记录美好的事物。有的学生建议可以随身携带一个小本子，随时记录下自己看到的美丽风景；有的学生说可以用手机拍照，把美好的瞬间保存下来；还有的说可以和家人、朋友一起分享自己的发现，让更多的人感受到生活的美好。

四、项目式学习的作用

通过以上案例分析可以看出，PBL 在"槐美课程"中的实施，能够有效促进学生的艺术水平、创新思维和实践能力的培养。

（一）激发艺术兴趣

PBL 注重学生的主动参与和探究，通过设计有趣的项目活动，能够激发学生的艺术兴趣。学生在参与项目的过程中，能够掌握书画技能，还能体验到创作的乐趣，增强学习的积极性和主动性。

（二）培养创新思维

PBL 强调解决实际问题，学生需要在项目中进行探索、设计和创造，这有助于培养他们的创新思维能力。通过不断地尝试和调整，学生学会从不同角度思考问题，提出独特的创作方案，逐步形成创新意识和能力。

（三）提高实践能力

PBL 注重实际操作和实践活动，学生在项目中需要进行实地观察、临摹创作等，这有助于提高他们的实践能力。

（四）增强团队合作

PBL 强调团队合作与交流，学生在项目中需要分工协作，互相学习。这有助于培养他们的团队合作能力和沟通交流能力。在合作过程中，学生学会尊重他人的意见，解决冲突，共同完成任务。

（五）提升综合素养

PBL 是一个综合性的学习过程，学生在项目中要掌握书画技能，还要学会运用多种能力解决问题。教育者也要根据学生的反馈和项目实施情况，不断调整和完善项目内容和教学策略，以适应学生的需求和发展趋势[2]。这有助于提升他们的综合素养，包括思维能力、表达能力、动手能力等。通过项目的实施，学生逐渐形成全面发展的素质和能力。

五、结论

项目式学习作为一种创新的教学方法，具有显著的教育效果。在"槐美课程"这样的小学书画课程中实施PBL，能够有效激发学生的艺术兴趣，培养他们的创新思维和实践能力。通过精心设计和组织有意义的项目活动，教师可以引导学生在实际创作的过程中，掌握书画技能，提升艺术水平，实现全面发展。随着教育改革的深入，PBL将在小学书画教育中发挥越来越重要的作用，为学生的成长和发展提供更多的支持和帮助。

参考文献

[1] 魏会.小学美术项目化学习的设计与实施[J].江苏教育研究，2021，(34): 46-50.

[2] 曾思豪.在义务教育美术课堂中开展项目式学习的策略[J].课程教学研究，2023，(06): 83-88.

绘画技巧与情感表达探究
—— "槐美课程"中的创意绘画教学法

◎ 张正容　刘媛

美术是无言之师，无形之舞。绘画作为美术中最重要的一种艺术形式，在小学美术教育中，创意绘画既是技能的传授，也是情感的表达。它能通过色彩和线条，展示学生内心的情感和世界观。当我们深入探究创意绘画教学法时，才发现它在推动着学生通过色彩和线条去探索自我、理解世界。本文通过双槐树小学在"槐美课程"中实践的创意绘画教学法，探讨如何将绘画技巧与情感表达相结合，提升学生的综合素质，实现对学生的美育教育。

一、创意绘画教学的意义

创意绘画，就是将创意融在绘画中，又跳出绘画来创意，要画得不同寻常，要有新奇的想法，有不一样的视角，在平面创意的基础上更增加了立体创意。创意绘画教学是一项艺术技能的传授，对学生的全面发展进行深度培养。它以其独特的魅力，在学生的成长过程中扮演着举足轻重的角色。

（一）培养学生的审美能力

当画笔遇见创意，当色彩遇见故事，孩子笔尖流转的天马行空就是对世界最好的认识与期许，创意绘画教学培养的是学生的审美能力。通过观察和描绘自然美景，学生学会发现美、欣赏美。这种能力不局限于艺术创作，还延伸到日常生活，使他们能够从细微之处感受到生活的美好。比较直接的一种方式便是教师直接向学生展示各种风格的艺术作品，如印象派、抽象派、写实派等，让学生了解不同的艺术流派，并对这些作品进行欣赏和分析，引导学生在这个过程中拓宽艺术视野，培养独特的审美观念。

（二）激发学生的创造力

在小学美术教学中，应当重视创意思想和绘画技能的结合，以促进学生的全面发展[1]。爱因斯坦曾说："想象力比知识更重要。"绘画中教师要充分发挥学生的主体作用，注重引导学生大胆表现、自由想象，使学生根据自己的兴趣有感而发、由情而画。进行绘画教学时，我习惯将背景空出来，鼓励学生自由想象添画，并强调添画和别人不一样的背景，能描绘出不同的画面。创意绘画没有固定的答案和模式，这为学生提供了广阔的创作空间，他们可以根据自己的想象力和创造力，创作出独特的作品。在这个过程中，学生学会了自由地表达自己，将内心的想法通过绘画表现出来。教师需要转变原有的教学理念，将提升学生创造力作为教学重点，激发学生的学习热情[2]。

（三）增强学生的情感表达

绘画是一种无声的语言，通过色彩和线条，学生可以将内心的情感和想法表达出来，这种表达帮助他们认识情感、释放情感。在课堂上，教师可以引导学生将情感和经历融入作品中。例如，教师让学生用绘画表现"自己印象最深刻的一堂课"，描绘课堂场景，或者用色彩表达心情。2022年9月，双槐树小学如期举行了第二十三期槐花工作室学习活动，李佳遥老师和高昊老师带来了名师国赛课之泥塑课《千人千面》展示，主题是用泥塑的手法来塑造人脸。拟人化的手法将泥巴变成了老师的朋友，利用"它的身体会说话"引出本课的主角——泥。整节课气氛轻松愉快，老师的语言幽默风趣，许多学生对这一堂课印象深刻，表示自己不仅感受到了泥塑的乐趣，还学会了如何通过艺术表达自己的情感。于是许多学生用阳光般的金色和柔和的线条来表达这堂课的愉悦感受。

二、绘画中色彩、线条与情感的关系

色彩和线条作为绘画的两大基本元素，各自承载着独特的情感表达功能，而当它们相互交织、融合时，便能创造出更为丰富、深刻的情感世界。

（一）色彩与情感的关系

不同的色彩会带给人不同的心理感受。在"槐美课程"的创意绘画教学中，教师可以引导学生理解色彩的心理效应，从而更好地运用色彩表达情感。例如，红色通常代表热情和活力，但也可能让人感到紧张和激动；蓝色则给人宁静和冷静的感觉，但过多的蓝色可能让人感到忧郁。教师可以通过实际的绘画练习，让学生体验色彩的心理效应，用色彩传达不同的内心情感。

例如，让学生用不同的颜色画同一个主题，观察色彩变化带来的情感变化。这样的练习可以帮助学生理解色彩的作用，培养他们的色彩运用能力。色彩画是同学们最爱画的，但同学们往往在色彩、技法处理上始终存在着这样或那样的问题，教师要在色彩和技法上教给他们知识和方法。首先要教会学生认识常见的色彩，哪些色彩偏冷，哪些色彩偏暖，要让学生在比较中分得清。为什么说在比较中分得清呢？举个例子，绿色是中性色，但绿色与红色比较，绿色偏冷，红色偏暖。那绿色与蓝色相比较呢？绿色偏暖而蓝色偏冷，所以说要在比较中分得清。为什么要知道色彩的冷暖呢？因为通常画一幅画要有冷暖对比，要知道哪些地方该用冷色，哪些地方该用暖色。教师还要教给学生各种色彩表示的意义，如红色象征热烈，黄色象征青春活力，绿色象征和平等。比如在写欢迎标语的时候，经常看到的是红纸上写黄字，用这两种颜色表达热烈欢迎之情。

（二）线条与情感的关系

线条在绘画中起着重要的作用，不同的线条种类和特征可以传达出不同的情感和感觉。例如，直线通常给人以力量和刚毅的感觉，而曲线则显得柔和与流畅。粗重的线条可能表达愤怒和力量，而细腻的线条则传递出柔和的情感。在创意绘画课堂上，教师可以通过示范和引导，让学生了解不同线条的特征（粗细、长短和形态等）及其在情感表达中的运用。例如，在绘画表现愤怒的主题时，会着重使用粗重而凌乱的线条；而在绘画表现宁静的主题时，更倾向于选择细腻而柔和的线条。

三、"槐美课程"中创意绘画教学法的实践

在进行创意绘画教学法的实践时，教师需要关注各个环节的连贯性和过渡性。

（一）创意绘画课的设计

在设计创意绘画课程时，教师应注重激发学生的兴趣和创作欲望。例如，教师命题"节能减排"主题绘画，引导学生围绕该主题进行创作。同时，教师提供足够的创作背景、创作空间和材料，鼓励学生大胆思考、尝试和创新。在课程设计中，教师可以结合学生的兴趣和需求，设置丰富多彩的绘画活动。例如，在母亲节来临之际，教师可以组织学生绘制节日贺卡，进行创意绘画教学的同时开展情感教育。再如，教师设计了一个主题为"未来的我"的创

意绘画课堂，鼓励学生想象并描绘出自己未来的样子，或者他们梦想中的职业场景并加以绘画创作。

（二）教授创意绘画技巧

在艺术创作的广阔天地中，创意绘画无疑是一扇通往无限想象与表达的大门。对于学生而言，掌握创意绘画技巧不仅是学习美术的基础，更是激发创造力、培养审美情趣的重要途径。

1. 结合学生年龄特点，提高观察能力和绘画技能

小学生的年龄特点是小学美术教学中必须重视的要素。在整个小学教学阶段，学生的兴趣还不够稳定，比如低年级学生虽然课堂回答问题积极，课堂气氛活跃但是自觉性弱，高年级相对来说有了一定的自觉性。在美术教学中，那些有趣生动的形象是引起学生直接兴趣的重要原因之一，是促使他们形象思维发展的主要意象。学生只凭头脑中简单的记忆去作画，效果不好。教师在日常的美术教学中要特别注意引导学生有目的地进行观察，如形状、颜色、结构和姿态等，并注重在观察中使学生运用多种感官更好地认识客观事物。比如色彩方面多凭主观印象，因此指导学生观察和向学生下达观察任务时，首先让学生观察形状，当纸面上画出形状后再考虑着色。观察能力的提高在于锻炼，经常有目的、有意识地观察，其观察能力自然会得到提高。

2. 运用绘画工具和材料，探索创意绘画技巧

着手拓展创作工具与材料，尝试各种绘画技巧，引发学习兴趣，提高审美直觉能力。对于美术教师而言，几乎任何一种材料都可用于美术教学。有些是传统性的，如铅笔、水彩、蜡笔、橡皮泥、各种纸张等；有些材料是用于别处的，但也可以用于美术创作，如布片、毛线、木头等；还有些是生活中其他事物，如瓶子、瓶盖、石头等。利用身边可获取的资源进行创作，例如吸管吹颜料、棉签作画、树叶印画等。选择一件物品，围绕着物品进行头脑风暴和思维扩散，从而进行绘画创作。

3. 运用色彩、线条、构图等元素，创造独特视觉效果

首先，大部分学生喜欢鲜艳的色彩，但还不够注重颜色的协调。上色时教师应引导学生用某种颜色统一画面，形成主色调。具有某种色彩倾向的主题画，如画"踏青"时，可让学生大面积地使用黄绿色，形成暖调，突出春天的美丽景色。双槐树小学邹开均老师在教学四年级《七彩虹》时，先设疑导入，让学生初步认识彩虹的七种颜色，再通过具体的游戏活动进一步认识

颜色，最后让学生大胆想象——你能把彩虹想象成什么？运用语言激发思维，在绘画中锻炼思维。在此基础上，逐步引导学生运用三原色的对比色，红绿、黄紫、蓝橙，这样在绘画过程中，用协调、对比的搭配方法上色，使画面色彩更加丰富、鲜明、美丽。其次，改变习惯的用线方式，尝试用绘画中的线条，提高线条表现力。

在美术学习初级阶段，学生需要先认识千变万化、或长或短、或方或圆的线条形状。有赳赳武夫般的粗线，有窈窕淑女般的细线，有刚正不阿的直线，有哈腰献媚的折线。线条的表现力更是神奇，或刚毅，或温柔，或是舞蹈般的跳跃，或是湖水般的宁静，或是春水般的畅快，无不渗透情感的流露。

4.将日常生活中寻找的灵感，转化为创意绘画作品

在指导学生绘画时，经常用勾线笔、蜡笔、水粉等工具，指导学生描绘出色彩丰富、充满乐趣的作品，还可以将绘画及装饰组合成一幅画，既丰富活动又从多角度提高了学生的动手能力。运用多种材料配合进行绘画是一种很好的做法，给学生准备一些挂历纸、彩纸、海绵、瓶盖和树叶等，让学生根据需要选取不同的材料，这样的撕撕贴贴、印印画画不仅给学生绘画形式上的更新，还满足了学生的好奇心，关键是创作出的画面更加生动活泼。

（三）引导学生的情感表达

在创意绘画过程中，教师应注重引导学生的情感表达。可以通过问题引导的方式，让学生思考自己的情感和想法，并将其融入作品中。教师可以问："你今天感觉怎么样？你可以用什么主题来表达这种感觉？"其实每个学生都是天才画家。他们的世界充满了活力与色彩，一根线条，在孩子的笔下也能变成带着小动物畅游天空的秋千；一个大人看起来是随意图画的图形，也可能是蚂蚁的王国；他们的世界充满了无尽创想与创意，教师要做的就是尊重意愿，为他们提供一些可创作的材料工具和物品，让他们有机会去尝试和创造，并耐心聆听他们说自己的画。

（四）作品欣赏与评价

在作品完成后，教师应组织学生进行作品欣赏和评价。通过这个环节，学生可以学会如何欣赏他人的作品，并从中获得灵感，共同进步。同时，教师应给予积极的反馈，鼓励学生继续探索和创作。在美术绘画中，每一个环节力求进步都是不容易的。

1. 委婉式评价

教师在评价学生作品时，应采用比较委婉的评价方法。例如：你的作品很好，很有创意！线条够大胆！不错，努力，加油！常用这种方法去评价学生作品，目的是鼓励学生大胆创新，树立学生学习美术自信心。

2. 开放式评价

对学生作品采用开放式的评价方法，抛去专业的眼光。因为并不是每个学生都要成为画家，教师只要把快乐美术带进课堂，让每一个学生有机会展示自己的绘画水平，让学生学得快乐，这堂美术课就是成功的。

3. 鼓励式评价

在校园美术比赛中，或在平时的课堂上学生创作的优秀绘画作品，采用展览形式，如在美术室或在宣传栏中展出，让学生参观，以鼓励学生对美术的兴趣。虽然这些作品在专业人士眼中，还不是成熟的作品，但在学生眼里，那也是最"美"的作品。通过展览，学生不但学到了知识，而且促进了对美术的兴趣。

四、挑战与措施

在进行创意绘画教学时，学校和教师会面临一些挑战，此处就以下面两个挑战为例进行详细探讨，并提出相应的措施。

（一）学生个体差异大

在进行创意绘画教学中，学生的个体差异是一个不可忽视的问题。每个学生的艺术基础和情感表达能力都有所不同，要求教师需要根据学生的具体情况，进行个性化的指导和鼓励。

措施：教师可以采用分层教学的方法，根据学生的不同水平和各自特点，设置不同难度和不同内容的绘画任务。对于基础较好的学生，可以提供更具挑战性的创作主题；对于基础较弱的学生，应当给予更多的指导和帮助，适度降低要求，完成即可。同时，教师应注重发现和培养每个学生的独特之处，帮助其树立信心。

（二）材料和时间的限制

双槐树小学是一所乡镇农村小学，由于学校资源有限，创意绘画教学面临着材料和时间的限制。学校缺乏足够的绘画材料和创作空间，学生学习绘画的时间也受到课业压力的限制。

措施：教师可以利用废旧材料进行创作，培养学生的环保意识和创新能力。例如，双槐树小学开展的废物利用手工作品展，一次性展出 1000 余件手工作品，学生利用废旧的布料、果壳、冰糕片、木材、矿泉水瓶等进行创作，经济实惠又能激发学生的创造力。同时，学校通过组织课外活动、少年宫社团活动等，延长学生的创作时间，为他们提供更多的创作。

五、结语

实践证明，创意绘画教学是"槐美课程"中美术教育的重要组成部分，更是学生情感表达和内心世界展示的重要途径。随着教育理念的不断更新和教学方法的不断改进，小学阶段的创意绘画教学将会发挥更大的作用。相信在不久的将来，创意绘画教学将成为双槐树小学书画教育中不可或缺的重要组成部分，为学生的艺术成长和情感发展作出更大的贡献。

参考文献

[1] 苏丹 . 重视创意实践培养创新能力——小学美术"创意绘画"教学策略 [J] . 考试周刊 , 2023, (02): 163–166.

[2] 季娜 . 小学美术绘画教学提升学生创造力的策略 [J] . 教学管理与教育研究 , 2017, 2(11): 92+94.

以"槐美课程"为平台的
书画欣赏教学策略探讨

◎ 程杰　陈诚

在教育多元化发展的今天，对课程进行创新和融合成了促进教学质量提高的一个重要手段。"槐美课程"作为双槐树小学美育的重要平台，通过逐步全面化与专业化的艺术教育，提高学生的审美素养和文化理解力。书画欣赏是艺术教育中的一项重要内容，对学生审美素养、创造力以及文化传承等方面培养都起到至关重要的作用。所以在"槐美课程"中融入书画欣赏教学并探究行之有效的教学策略非常有现实价值。文章将重点对"槐美课程"融入书画欣赏教学、教学理论基础、创新实践策略等方面展开深入探究。

一、"槐美课程"与书画欣赏教学的融合

作为教育者要对"槐美课程"的教育理念与教学目标有一个清晰的认识，才能将书画欣赏恰到好处地融入这一体系中。

（一）"槐美课程"的教育理念与教学目标

"槐美课程"在狭义上是指双槐树小学以书画教育为特色的美育课程，强调通过书法、绘画、剪纸、刺绣等多种艺术形式的融合与互动，培养学生的审美感知和艺术素养。广义上是指坚持以美育和人的全面发展为核心的教育哲学，旨在培育学生的审美品位、创新能力和人文修养。它的教学目标主要有指导学生去发现美、感受美和创造美以及提高艺术修养与综合素质等。通过丰富多样的课程内容与教学活动激发学生学习兴趣与潜力，张扬个性。

（二）书画欣赏在"槐美课程"中的定位和作用

书画欣赏是"槐美课程"的重要内容。学生通过对优秀书画作品的鉴赏，能够感受到艺术的神奇之处，提升审美水平。与此同时，书画欣赏还有利于发展学生观察力、想象力与创造力，推动思维发展。另外书画欣赏还有文化传承功能，使学生认识并传承中华优秀传统文化。

（三）书画欣赏与 "槐美课程" 的结合点

书画欣赏和"槐美课程"的契合点是教育目标与价值取向的共通。二者均重视对学生审美能力与人文素养的培养，以艺术教育带动学生全面发展。从教学内容来看，书画欣赏能够丰富"槐美课程"的艺术内涵并给学生带来更加丰富的审美体验。从教学方法来看，"槐美课程"多元化教学方式能够给书画欣赏教学带来更加创新的思路与实践途径。例如，邀请知名校友陈可之等绘画专家进校园开展专题讲座和绘画欣赏课，让学生了解书画艺术的基本知识和发展历程；名家作品欣赏和观摩活动，让学生直观感受书画艺术的冲击与魅力；举办书画大赛和开展少年宫兴趣小组，让学生亲身参与书画创作，增强其艺术感知能力。

二、书画欣赏教学的理论基础

书画欣赏教学并非只是一个简单的视觉体验过程，更是一个融合了教育原理、美学价值与文化意义的复杂体系。

（一）审美教育理论

审美教育理论重视通过艺术教育，发展学生审美能力，提高审美情趣。书画欣赏教学就是以这一理论为依据，指导学生对书画作品美的鉴赏，增强审美感知。双槐树小学教师在进行教学时，重视对学生审美意识的培养，带领学生对书画作品进行不同视角的鉴赏，体会其中所蕴含的艺术魅力。

（二）书画艺术的美学价值与文化意义

书画艺术作为中华文化的重要组成部分，具有独特的美学价值和文化意义。通过书画欣赏，学生可以了解书画艺术的基本特征和审美规律，感受其艺术魅力和文化内涵，从而提高他们的审美修养和文化素养。双槐树小学教师通过指导学生对书画作品的色彩、线条、构图等要素进行分析，理解作者创作意图与情感表达，以提高其艺术鉴赏能力。

（三）文化传承与创新理论

文化传承与创新的理论主张在教育过程中继续传播和推广卓越的传统文化，并在此基础上培育学生的创新思维和能力。书画是中华民族传统文化中的一颗明珠，历史文化底蕴深厚。通过书画鉴赏教学，学生能够对中华优秀传统文化进行理解与继承，也能在鉴赏与创造的过程中发展创新思维与能力。

三、"槐美课程"中书画欣赏教学策略的创新与实践策略

踏入"槐美课程"的书画欣赏之旅，教学策略的创新与实践尤为关键。在该部分，笔者从多个角度出发，探讨如何更有效地进行书画欣赏教学。

（一）以情境引导为核心，激发审美体验与联想

"槐美课程"书画鉴赏教学中情境引导发挥着核心作用。教师在教学中精心设置多种情景，让学生身临其境般地进入书画作品天地。比如，当教师带领学生欣赏一幅山水画，可以随之播放汩汩流水声和鸟鸣声的自然音效，并同时出示类似于画中山水实景的画面，形成恬静幽远的气氛。这种情境可以快速引发学生审美体验，使其对山水之美有一个直观的感知。学生会情不自禁地展开联想，幻想自己就在那山山水水中，体会清风轻拂、小溪淙淙的舒畅。在情境引导下，学生不再被动看书画作品，而会积极主动地去感知、联想，大大提高了审美感知能力。

（二）以互动参与为途径，培养艺术鉴赏能力

互动参与对发展学生艺术鉴赏能力具有重要意义。双槐树小学教师开展书画欣赏教学时，举办了各种互动活动。例如，小组讨论时，以一幅书画作品为讨论对象，各组成员从色彩运用、构图特点和表现手法等不同角度各抒己见。在探讨过程中学生既可以倾听别人的意见，也可以反思并改进自己的思想，以增强艺术鉴赏能力。教师还开展了作品分析活动，由教师挑选一幅有代表性的作品指导学生由整体到部分进行分析。比如首先对作品整体风格及题材进行观察，然后对作品中线、色、形等要素应用情况进行分析。通过这种分析，学生更深刻地认识到作品中所蕴含的艺术价值。另外，角色扮演是互动的有效途径。例如，欣赏一本描写古代文人雅集之作，学生可单独饰演文人，摹写其神态、风度，体会那个时代的文化氛围。通过这些互动式参与性活动，学生在轻松愉悦的气氛中增强了艺术鉴赏能力。

（三）以跨学科整合为手段，拓宽文化认知视野

在"槐美课程"里，将书画鉴赏与其他学科融合，有助于扩大学生的文化认知范围。如与语文学科相结合，当欣赏到一幅古诗词主题书画作品后，教师指导学生先诵读古诗词并领悟其中的内涵和意境，接着对书画作品进行

赏析，让学生体会到画家怎样透过图片解读诗词。这种融合既可以帮助学生对书画作品有深入了解，又可以深化学生对古诗词的认识。它和历史学科相结合，能使学生认识书画作品中所体现出的历史时期社会风貌和文化传统，比如，在赏析一幅表现唐朝盛世的画作时，教师通过介绍唐朝历史背景、文化特点等，让学生了解该画创作于何种历史环境中。和地理学科相结合，能使学生理解书画作品所刻画的地域特色，例如，在赏析一幅描写江南水乡的画时，教师介绍江南地区地理环境、风土人情等等，学生更能体会到作品的地域美。通过跨学科整合使学生对书画作品有多角度的鉴赏与了解，学生开阔了文化认知视野[1]。

（四）以批判性思维为导向，提升审美判断能力

批判性思维对书画欣赏教学具有关键导向作用。教师在书画欣赏时指导学生深入分析与评价作品，可以有效培养学生批判性思维能力，进而促进学生审美判断能力的发展。

学生在面对一幅书画作品时，教师能够引导学生进行多角度的思考。比如对作品主题表达的明确和深刻程度进行分析。学生能够理解作者想通过绘画来表达什么样的感情、想法或者社会现象，同时对作品表现手法的学习也是至关重要的。学生还可讨论画家所采用色彩搭配的协调程度、线条使用的流畅力度、构图布局的合理性和艺术感染力等，提升审美判断能力。另外，教师也可以引导学生评价这幅作品的艺术价值，并反思它在艺术史中的位置和对后人产生的影响。

通过这一分析与评价的过程，学生对作品不再处于一种被动的鉴赏状态，而会积极主动地进行思考、怀疑与评判。在比较各种作品时，他们会逐步塑造出自己独有的审美取向，让他们在面对其他艺术创作和日常生活中的审美事件时，展现出更为敏感的观察和判断能力，这也是"槐美课程"想要达到的效果。

（五）以多元评价为抓手，促进个性化审美发展

多元评价是推动学生个性化审美发展强有力的着力点。就书画欣赏教学而言，运用各种评价方式可以全面客观地反映出学生学习的结果，还可以较好地激发学生学习的兴趣与创造力。

教师评价就是一个重要环节。教师可结合学生课堂表现、分析理解作品程度、作业完成程度进行综合评价。教师专业点评可以给学生以正确引导、

指点迷津。学生的自评同样必不可少，学生在反思学习过程与结果时，能更深刻认识到自身的长处与短处，以便有的放矢，加以改进与完善。通过互评，学生可以从多种视角审视自己的创作和看法，从而扩展知识视野并激发思考的冲突。

四、教学实践与案例分析

为验证"槐美课程"书画欣赏教学策略实施效果，学校开展了教学实践，笔者选择部分典型实例加以分析。

案例：《富春山居图》欣赏

情境引导：教师在课堂上播放富春江的流水声、鸟鸣声等自然音效，同时展示富春江的实景图片，营造出宁静优美的氛围，然后引出《富春山居图》，让学生仿佛置身于画中的山水世界，激发学生的审美体验和联想。

互动参与：将学生分成小组，针对《富春山居图》的构图特点、笔墨运用、意境表达等方面进行讨论。各小组代表发言，分享小组讨论的结果，促进学生之间的交流和反思，提高艺术鉴赏能力。

跨学科整合：与语文学科结合，教师引导学生朗诵描写富春江的古诗词，如南朝梁文学家吴均的《与朱元思书》，结合《富春山居图》的画面之美，学生体会诗词中的意境。同时，结合地理学科，介绍富春江的地理位置、自然风貌等，学生能更好地理解画作所展现的地域特色。

批判性思维：引导学生思考《富春山居图》的主题表达是否深刻，画家黄公望通过这幅画想要传达怎样的情感和思想，讨论画中的笔墨运用是否协调，构图布局是否合理，以及这幅画在艺术史上的地位和影响。

多元评价：教师根据学生的课堂表现、讨论参与度、对作品的理解程度等进行综合评价。学生进行自评和互评，反思自己在学习过程中的收获和不足。对于对笔墨运用有独特见解的学生，着重评价其对笔墨技巧的分析能力；对于善于感受意境的学生，强调其对画面意境的感悟能力。

五、面临的挑战与应对策略

在实施"槐美课程"书画欣赏教学策略的过程中，我们也面临着一些挑战，例如，教师的专业素养有待提高，教学资源相对匮乏，学生的兴趣和参与度不够等，针对这些挑战，我们提出了以下应对策略。

（一）加强教师培训，提高教师的专业素养

教师专业素养对"槐美课程"书画鉴赏教学策略落实起着关键作用。教师在教学活动中处于引导者的地位，教师对于书画艺术了解的深浅程度以及教学方法应用的能力都直接关系到学生的学习效果。

教师可以参与专业的书画培训课程，并邀请书画领域的专家和学者举办讲座和示范，这样可以让教师更深入地了解书画艺术的历史发展、风格流派、技法特点等方面的知识。比如在研讨中，教师可以交流与沟通书画欣赏教学中的体会与经验，借鉴先进教学理念与方法，一起讨论如何利用情境引导、互动参与的教学策略来提升学生学习兴趣与参与度。这些活动不断提升了教师专业素养，对书画欣赏教学起到了大力支持作用[2]。

（二）整合教学资源，丰富教学内容

教学资源相对缺乏，是书画欣赏教学策略执行过程中的又一难题。要破解这一难题，就必须整合多种教学资源以充实教学内容。教师可通过网络和图书馆渠道搜集较多书画作品的照片和录像等信息，为教学提供大量材料。比如教师可上网检索国内外知名书画作品，下载高清图片呈现给同学们，供同学们欣赏风格各异、流派纷呈的书画艺术。

依托"槐美课程"这一平台开展书画欣赏教学，不失为一种意义深远的探索之举。它给学生开启了艺术殿堂之门，使学生在美的天地里茁壮成长。接下来，"槐美课程"应进一步加强书画欣赏教学，完善教学策略和方法，提升教学效果。教师应注重专业发展和教学方法的创新，不断提高书画欣赏教学的质量和水平。同时，学校和社会应加强对美育课程的支持和投入，为学生提供更好的学习环境和资源。通过这些努力，我们可以期待，书画欣赏教学将在"槐美课程"中发挥越来越重要的作用，培养更多具有高尚审美情趣和深厚文化素养的槐小学子。

参考文献

[1] 王学俊.论高校开设书画欣赏课对培养大学生高尚人格的作用[J].美术大观，2013, (09): 148–149.

[2] 贾文利.诗书画一体的国画欣赏教学[J].美术教育研究，2012, (17): 143–144.

小学美术教学中
学生的动手能力培养策略

◎ 高昊

美术教学重视学生创新思维和实践能力的培养，而创新思维与实践能力的结合，需要小学生具有一定的动手能力。为了达成教学目标，教师设计了一些教学策略，提升学生的动手能力。要想学生在学习中主动动手，美术教学必须有能够吸引学生的趣味性。教师为学生创设良好的动手情境，鼓励他们用创作去表达美术情感、表达自己对美的认识。美术教学还要结合生活，将美术与生活结合，引导学生设计出具有生活美的艺术作品。

一、通过欣赏美术作品激发学生的动手兴趣

动手创造作品是一件有趣的事情，因为学生不仅可以体验美术创造的全过程，还能从一步步完成作品的过程中获得成就感。教师在教学中，要运用一些教学策略，让学生认识到创造美是一个多么有趣的过程。美术欣赏能够有效激发学生的动手兴趣，因为学生也会想要像创造那些优秀美术作品的作者一样，将自己的一些创意思想用实物表现出来。欣赏美术作品会帮助培养学生审美能力，会帮助学生提升自己的动手能力。在具有美感的作品的影响下，学生的创作兴趣被激发。教师再结合学生生活的实际需求，合理选择在小学生认识范围内的经典作品，促使学生形成美术观念。除了一般的欣赏方式之外，教师还能运用多媒体，增强学生的美术欣赏体验。多媒体可以设置美术欣赏引导，加强美术欣赏和教材之间的联系，对教材内容进行深化讲解。

教师除了选择经典的美术作品之外，可以选择学生自己创作的作品进行欣赏。在美术课堂上，一些优秀学生画出来的好看图画、做出来的漂亮手工，都可以让学生欣赏。学生作品的展出，触发了学生积极的动手积极性。教师在教学中创设出了积极的竞争环境，学生在优秀同学的影响下，在美术学习中竞相表现，积极创新。

二、为学生增设动手情境

情境是一个影响学生动手能力的外界因素。教学实验表明，在情境中，学生创造美术的灵感更强，思维更灵活，主动性更高。教师在美术教学中的角色是指导者，所以在教学时以教材为基础，创设真实、灵活的美术学习情境，引导学生在情境中学习美术，让学生理解美术教学的真实意义。美术学习需要学生有很强的联想能力和想象能力，对学生的思维意识要求较高。情境能够锻炼学生的联想能力和思维能力，因为学生要从情境中获取灵感，来提高自己的动手质量。比如教学的内容是与童话相关的，教师可以为学生创造童话环境，向学生讲一些童话故事或者用多媒体播放童话视频。美术教学中创建的童话情境的重点不是故事情节，而是故事中涉及的美学知识，比如童话中的建筑、风景、服装、人物等。这些方面的凸显，可以有效引导学生进行联想，从而建立起属于自己的多彩童话世界。在情境中，教师便可以让学生动手，用简单的线条将自己的童话世界表现出来。学生在动手的过程中，对图像造型、构图上色有了更合理的把握能力。创造自己的童话世界，激发了学生的艺术感和成就感，增强他们动手学习美术的动力。

三、用积极的氛围提高学生的动手能力

在小学阶段，学生易受氛围的影响，所以教师要为他们创造一个积极的环境，提高他们的动手能力。合作学习也能用在美术教学中，因为有的美术作品需要花费学生很多的时间，一个人难以完成。所以教师正好利用小组合作，拓展学生的美术创作范围，做出更多、更好的作品。比如，用手工的形式做一个"神奇的箱子"，"神奇箱子"里面要有什么东西由学生分工合作完成。在分工合作的过程中，学生之间的创造力互相碰撞，互相分享、交流意见，最后做出让大家感兴趣的"神奇箱子"。

在合作的氛围下，学生能够想到的东西更多，有的时候看见别人在做什么，他们也会想主动去做。美术教学的根本是美育，要想培养学生的动手能力，教师还要紧抓学生的素质教育。这样，才能从根本上提高学生的动手能力，提升学生的美术素养。在良好的氛围下，美术教学给学生的学习发展留出了更大的空间，所以教师要培养学生自主学习的能力。在教学前期，给学生布置一些适当的任务，比如制作书签。教师让学生从生活中选择他们喜欢的东西做成书签，自主制作。在这样的教学氛围下，学生做出来的书签符合他们的自我审美，并且运用的材料各不相同。在传统的美术教学中，大多数

学生制作书签时，只会想到用好看的树叶，而让他们自主制作书签的话，所用的材料就不局限于树叶，还能用很多好看的纸张、迷你图画，甚至花朵、树枝做成书签。学生做出的书签不仅材料多样，上面还有学生自己增添的各种内容。美术教学的氛围轻松，学生的思维才能打开，想出更多的美术创意，提升动手能力。

四、提高美术知识的实践与运用

美术知识的实践教学是直接培养学生动手能力的有效途径[1]，美术教学不能仅虚托于理论，而是要落实于实践，学生的美术学习也是如此。许多时候，美术教材上的内容，其实能够通过实践的方式，呈现在现实中，给生活带来好的转变。课堂不是美术实践进行的唯一场所，教师要将学生的生活变成美术实践的舞台。比如现代社会提倡环保，教师在教学时可以将环保与美术的概念结合起来，从环保的角度出发做一个美术实践主题活动。学生围绕环保和美术进行讨论，该从哪些方向入手、可用哪些材料、能做什么东西。例如将空水瓶制作成花盆或花瓶，利用易拉罐做成椅子等，不仅能将一些生活废物利用起来，还能为学生提供不一样的实践思路，有效培养学生的动手能力。

综上所述，要培养学生的动手能力，首先，要调动起学生对美术的学习兴趣[2]。从提高学生审美入手，引导学生欣赏各类优秀的美术作品，激发他们的动手意识。其次，再创设合理的美术教学情境，让情境给予学生动手灵感。在积极的氛围下，学生还学会了合作学习，与同学一起合作创作出优秀的美术作品。最后，在实践教学的不断影响下，学生的美术创作思路被打开，灵感不断，动手能力不断提高。

参考文献

[1] 刘利利 . 小学美术教学中如何培养学生的动手能力分析 [J] . 中国校外教育，2015(11): 159.

[2] 刘保兰 . 小学美术教学中学生动手能力培养策略 [J] . 美术教育研究，2013(10): 150.

"槐美课程"中书画融合教学的实践与效果

◎ 陈莉　朱洪宏

"槐美课程"是双槐树小学的书画教育课程，将书法和绘画有机结合，旨在提升学生的综合艺术素养。通过书画融合教学，学生能够掌握书法和绘画的基本技能，并在创作中培养艺术感知力和创造力。自该课程践行以来，教师们以匠心独运的教学设计，书法与绘画并重，让学生在墨香与色彩的交织中，体验艺术的无限魅力与可能，在一定范围内取得了显著的教育成效。

一、书画融合教学的理论基础

在当今多元化的教育环境中，书画融合教学模式不仅源于对艺术教育深刻内涵的理解，还紧密关联着多个学科的理论基础。接下来，笔者将从艺术教育的跨学科特性入手，探讨书画融合教学的理论基础。

（一）艺术教育的跨学科特性

艺术教育具有跨学科特性，它融合了视觉艺术、文学、历史、哲学等多种学科知识。书法与绘画的结合能够打破单一艺术形式的局限，使学生在学习过程中从多角度、多层次感受和理解艺术的内涵。跨学科的艺术教育能促进学生思维的多元化发展，增强他们对艺术的综合理解和应用能力。

跨学科艺术教育强调综合素质的培养。书画融合教学重在让学生掌握书法的运笔技巧、文字结构和书写美感，理解绘画的构图、色彩搭配和创作方法。这种学习模式有助于学生在艺术创作中进行更为丰富和深刻的艺术表达。

（二）书画融合的理论支撑

书画融合教学的理论基础主要包括以下几个方面。

1.整体艺术观

整体艺术观认为，艺术是一个整体，书法和绘画都是艺术的重要组成部分。通过书画融合，可以使学生全面了解和掌握艺术的各个方面，提升他们的艺术综合素质。

2. 多元智能理论

多元智能理论强调每个人都有多种智能，包括语言智能、逻辑——数学智能、空间智能、音乐智能、肢体——运动智能、人际智能、内省智能和自然观察智能。书画融合教学能够全面开发学生的多种智能，特别是空间智能、语言智能和内省智能，促进他们的全面发展。

3. 建构主义学习理论

建构主义学习理论认为，知识不是被动接受的，而是学习者主动建构的。书画融合教学通过让学生参与到实际的书法和绘画创作中，促使他们主动探索和发现艺术的规律和技巧，从而建构自己的艺术知识体系。

4. 情感教育理论

情感教育理论强调教育过程中情感的作用。在小学阶段实施书画融合教学，可以利用儿童的天性规律，使他们在愉悦的氛围中学习，从而培养他们的审美观和创意思维[1]。

二、"槐美课程"中的书画融合实践

"槐美课程"在书画教学中积极探索融合之路，通过创新的教学方法和策略，将书法与绘画融合，为学生提供全方位的艺术熏陶和实践机会。

（一）教学方法和策略

"槐美课程"在教学方法上注重多样化和互动性，采用讲解、示范、实践等多种教学手段。教师通过生动的讲解和精湛的示范，帮助学生理解书画技法，并在实践中进行个性化指导。此外，课程鼓励学生自主创作，通过作品展示和互评，激发他们的创造力和表达欲望。

在书法教学中，教师展示名家作品，例如颜真卿的《多宝塔碑》（楷书）、赵孟頫的《洛神赋十三行》（行楷）、怀素的《自叙帖》（草书）等，让学生感受不同书法风格的独特魅力；在绘画教学中，引导学生观察自然界的色彩和形态，比如观察蝴蝶翅膀的配色和细节，并鼓励他们用自己的方式创作一幅展现蝴蝶色彩和形态的艺术作品。这种多样化的教学方法，培养了学生全面掌握书画技法，并在实践中不断提高自己的艺术修养。

（二）课程设计和实施

"槐美课程"的设计紧扣学生的兴趣和发展需求，大致分为初、中、高三个阶段。初级阶段侧重基础技法的学习，中级阶段强调技法与创作的结合，高级阶段则注重综合创作能力的提升。在课程实施中，教师根据学生的不同水平制订个性化教学计划，确保每个学生在书画学习中的才能得到充分展现。

在初级阶段，学生主要学习书法的基本笔画和汉字的结构，掌握绘画的基础技法，如线条、色彩和构图等。在中级阶段，学生在掌握基础技法的基础上，开始进行简单的创作练习，如书写短句、创作小幅绘画作品等。在高级阶段，学生则在教师的指导下，进行较为复杂的书法和绘画创作，如创作书法长卷、绘制大型绘画作品等。

三、"槐美课程"教学案例分析

笔者将从以下几个已有的实践案例，分析学校在"槐美课程"中实行书画融合教学策略的具体成效与学生的学习体验。

（一）具体教学案例

在具体教学中，双槐树小学通过多种形式的活动丰富书画课程内容。例如，学校举办了以学习贯彻党的二十大精神为主题的书法创作活动，学生通过书法表达对党的热爱和国家的忠诚；学校利用乡村少年宫平台，开设书画社团，让学生有更充裕的时间学习书法的基本笔画与结构，掌握绘画的色彩运用与构图技巧，运用书法与绘画穿插练习的方式，实现书画艺术的相互渗透与升华，提升学生的艺术修养与创新能力。此外，学校还定期举办书画展览、作品比赛和师生联展，展示学生的书画作品，促进交流与学习。

在一次主题为"家乡美景"的创作活动中，学生通过观察家乡的自然风光和人文景观，用书法和绘画的形式记录和表达对家乡的热爱和赞美，提高书画技法的同时，还增强了对家乡的热爱和对美好事物的感知力。

（二）学生作品展示

在这些活动中，学生创作了大量优秀作品。例如，以党的二十大精神为主题的书法作品，充分展示了学生对书法艺术的理解和掌握。在绘画作品中，学生通过色彩和线条表达对生活的热爱和对美好事物的追求。这些作品既有技法的展示，也有情感的表达，体现了书画融合教学的独特效果。

在学校组织的作品展览中，学生的作品吸引了众多家长和社会人士的关注和赞赏。家长纷纷表示，通过书画融合教学，孩子们学到了书法和绘画的技法，培养了审美能力和创作能力，增强了自信心和表达欲望。

四、教学效果分析

通过整合书法与美术的教学资源和方法，不仅可以提升学生的艺术修养，还能促进其德、智、体、美等全面发展[2]。

（一）学生艺术感知能力的提升

通过书画融合教学，学生的艺术感知能力显著提升。他们能够敏锐地捕捉生活中的美好事物，并通过书画表达自己的情感和思想。在欣赏和创作书画作品的过程中，学生细腻的观察力和独特的艺术视角得到了培养。

在《发现生活中的美》主题创作活动中，学生通过观察日常生活中的花草树木、鸟兽虫鱼，用书画的形式记录和表达他们所发现的美好事物。通过这种创作活动，学生的观察力和感知力得到了显著提升，能够更加敏锐地捕捉生活中的美好瞬间，并通过艺术的形式加以表现。

（二）创作能力的发展

书画融合教学极大地促进了学生的创作能力。在学习书法和绘画技法的同时，通过大量的创作实践，学生逐渐形成了自己的艺术风格。

例如，在元旦、妇女节、中秋节等节日来临之际，以这些节日为切入点，首先运用多媒体向学生简要介绍所要制作的贺卡对应的节日文化，如节日的起源、习俗和象征意义等，为贺卡创作提供文化背景和情感基础；然后展示不同风格的节日贺卡，引导学生欣赏并分析其构图、色彩和书画元素等，激发学生的创作灵感；再结合节日贺卡的特点，讲解书画技巧在贺卡制作中的应用，例如，如何运用线条表现节日氛围、如何选择色彩搭配以传达节日情感；最后，鼓励学生自主创作节日贺卡……这种书画融合的教学方式，在加强学生节日文化自信和提升文化理解能力的同时，引导学生去主动观察、讨论和实践，学生制作的节日贺卡必然充满个人风格和节日特色。

五、讨论

作为理论与现实之间的桥梁，教学实践是检验教育理念的试金石，也是推动教育创新与发展的不竭动力。笔者将着重探讨教学实践中的挑战与机遇，以期为未来教育工作的优化与提升提供有价值的参考。

（一）教学实践中的挑战与机遇

在书画融合教学的实践中，存在一些挑战。例如，如何在有限的课堂时间内有效地开展书画教学，如何因材施教，满足不同学生的需求。此外，书画融合教学需要教师具备较高的综合素质，这对教师的专业能力有更高的要求。然而，这些挑战也带来了机遇。通过不断探索和实践，教师可以逐步积累经验，提升教学水平，进一步完善和创新书画融合教学模式。在书画融合教学中，制订个性化的教学计划，确保每个学生都能在书画学习中才能得到充分展示。此外，教师还需要不断学习和提升自己的专业能力，掌握最新的教育理念和教学方法，提高教学效果。

（二）教学模式的创新与改进

为了更好地实现书画融合教学的目标，双槐树小学不断进行教学模式的创新与改进。例如，学校引入了现代信息技术，采用多媒体教学、在线资源共享等手段，丰富了课堂教学内容，提高了教学效果。教师可以通过多媒体教学手段，展示名家书画作品和创作过程，帮助学生更好地理解和掌握书画技法。此外，学校还通过开展校际交流和合作，借鉴先进的教学经验，不断提升书画融合教学的质量。

六、结论

通过对双槐树小学"槐美课程"中书画融合教学的实践与效果的研究，证明了这种教学模式的有效性和可行性，并且可以看出这种教学模式具有显著的优势。它提升了学生的艺术感知力和创作能力，并促进了他们的综合素质发展。我们有理由相信，书画融合教学会在艺术教育中发挥越来越重要的作用，为培养全面发展的艺术人才作出更大贡献。

参考文献

[1] 黎旺 . 再探图文结合在小学美术教学中的运用 [D] . 成都 : 四川师范大学 , 2014.

[2] 李晓慧 . 浅谈小学美术综合教学中的"整合"[J] . 美术教育研究 , 2016, (02): 143.

"槐美课程"中美术课堂的
儿童绘本融入与实践初探

◎ 邹开均　曹氩厉

儿童绘本是专门为儿童读者设计的图书，是儿童文学的一种形式。通过图画和文字相结合的方式，以生动有趣的故事情节、简单易懂的语言和大尺寸的插图，吸引儿童的注意力，激发他们的想象力和阅读兴趣。绘本能够帮助儿童认识美丽多彩的世界，提升美学素养和审美能力[1]。

当前小学美术教育面临的挑战包括教学内容单一、学生兴趣难以持久等问题。将儿童绘本融入美术课堂，能够丰富教学内容，激发学生兴趣。本文将探讨"槐美课程"中美术课堂的儿童绘本融入与实践。

一、儿童绘本在小学美术教学中的应用概述

儿童绘本种类繁多，按内容可分为故事类、科普类、诗歌类等；按形式则有图画书、连环画、立体书等。每种类型的绘本都有其独特的艺术风格与表现手法，能为美术教学提供丰富的素材与灵感。美术教学中使用绘本应遵循以下基本原则：一是趣味性原则，选择内容有趣、形式多样的绘本；二是适应性原则，根据学生年龄和认知水平选择合适的绘本；三是互动性原则，通过绘本引导学生积极参与、互动交流。

二、"槐美课程"中绘本融入教学的策略与方法

在探讨绘本融入教学的具体策略与方法之前，我们首先需要明确绘本与教学之间的紧密联系。

（一）绘本选择的标准与方法

选择绘本时，应考虑以下标准：内容是否健康、积极向上，绘画风格是否符合教学目标，文字与图画的配合是否合理。我们可通过教师推荐、学生自主选择、家长参与推荐等多种方法进行绘本选择。

（二）绘本与美术教学内容的结合方式

绘本与美术教学的结合方式很多，如利用绘本中的人物形象和场景，引导学生进行模仿绘画；通过绘本故事情节，启发学生创作新的故事和画面；结合绘本中的艺术风格，引导学生学习不同的绘画技法。

（三）绘本教学活动的设计

绘本教学活动设计应注重趣味性和互动性，如开展绘本阅读分享会、绘本故事创作比赛、绘本角色扮演活动等，激发学生的学习兴趣和创造热情。

三、绘本在激发学生艺术灵感中的作用

绘本作为一种独特的艺术形式，不仅以其丰富的故事内容和精美的插图吸引着孩子们的目光，更在无形中激发着他们的艺术灵感。

（一）绘本故事与视觉元素的启发作用

绘本中的故事情节、角色形象、环境等元素丰富多彩，往往能启发学生的创造力和艺术想象力。通过阅读和欣赏绘本，学生可以从中获取创作灵感，并通过绘画、手工制作等方式，将自己的想象力和创造力发挥到最大限度。这样的活动可以培养学生的创造性思维和创作能力。如《小王子》中的星际旅行、《爱丽丝梦游仙境》中的奇幻场景等，都能激发学生的创作灵感。

（二）绘本中的艺术风格与表现手法

不同绘本中的艺术风格多样，主要有印象派画风、抽象派画风、写实派画风、超现实主义画风、卡通艺术派画风及文化习俗风格、民间艺术风格、个人风格等。有的简洁明快，有的细腻繁复。不同的表现手法也为学生提供了学习和借鉴的素材，如《海底两万里》中的海洋世界描绘、《夏洛的网》中的农场生活刻画，都能引导学生学习不同的绘画技法。

（三）通过绘本培养学生的观察力与想象力

绘本中图画起到了至关重要的作用，插图通常色彩鲜艳、线条简洁，形象生动活泼。不仅可以帮助儿童理解故事情节，还能通过细致入微的图画，培养学生的观察力，让他们在细节中发现美；丰富的故事情节则能激发学生的想象力和表达能力，引导他们创作出独特的艺术作品。

（四）绘本与学生个人艺术表达的结合

绘本中的图画和故事，能引导学生在艺术创作中加入个人理解和感受，形成独特的艺术表达。如通过阅读《彼得兔的故事》，学生可以创作出自己心目中的彼得兔形象，并结合生活经历，创作出与原著不同的故事情节。

四、在"槐美课程"中营造艺术学习氛围

在"槐美课程"中引导学生追求艺术学习，我们需要从多方面入手，探讨绘本在其中的应用，以及它与学校文化和家庭社区资源的融合。

（一）绘本在教室环境布置中的应用

将绘本中的图画和故事元素应用于教室环境"槐文化"的布置，如绘本墙绘、故事角、自信墙等，例如每月让学生给同学们分享一本喜欢的绘本故事，并在教室的故事角展示，以此营造浓厚的艺术氛围，激发学习兴趣。

（二）绘本与学校文化建设的融合

学校按照"臻美文化"的指引，挖掘校史文化、中华文化和中国教育传统中的"槐文化"，结合新时代育人需求，建立起独具特色的"槐美课程"。将"双槐树"名称的起源，槐树和槐花的象征，汉字"槐"的来历，古诗词中的"槐"以及关于"槐"的吉祥寓意等，通过举办绘本比赛和阅读分享会的形式，融入学校"槐文化"的走廊建设。还有相互分享与"槐"元素相关的绘本，引导学生结合校园内的槐树创作属于自己的绘本故事，在实践中培养学生的艺术素养和阅读习惯，丰富学校"槐文化"在学生心中的印象。

（三）家庭与社区资源的整合

通过家校合作、社区资源整合，组织绘本主题共读活动、亲子绘画活动等，让绘本成为家庭和社区文化的一部分，共同促进学生的艺术发展。

五、儿童绘本教学的挑战与对策

在探讨绘本教学的对策之前，需要先了解其中的一些挑战。

（一）教师绘本教学能力的培养

许多教师在依据绘本设计教学流程时并未做到科学合理，需要提高教师

的专业能力和对绘本的理解[2]。学校通过组织培训、经验交流等方式，提高教师的绘本选择、使用和教学设计能力。

（二）学生对绘本的接受度与反馈

学生对绘本的接受度普遍较好，有的孩子通过小故事，让自己变得更勇敢，愿意尝试新事物，勇于面对困难；有的孩子把读过的绘本知识用到了生活中，比如吃完东西一定要刷牙，少吃甜食，不能随便乱发脾气，有话要好好说等。通过多种形式的反馈机制，教师了解到学生的兴趣和需求，及时调整教学内容和方法。

（三）教学资源与时间的限制

教学资源和时间的限制是绘本教学面临的挑战之一。学校通过美术课、乡村少年宫活动以及资源共享、跨学科整合等方式进行绘本教学，克服各种困难，提高教学效果。

六、结论

经过在"槐美课程"中的实践与探讨，我们更加坚信儿童绘本在小学美术教学中扮演着举足轻重的角色，同时具有重要的现实意义与发展前景。

通过合理应用儿童绘本，可以全面提升"槐美课程"中美术课堂的儿童绘本融入与实践。教师应充分借力儿童绘本，引导学生进行艺术欣赏、创作启发、文化交流和跨学科整合等活动，以培养学生的创造性思维、实践能力、审美意识、艺术表达能力、文化素养、跨文化意识和国际视野，实现小学美术教学质量的提升。我们期待在未来的教学实践中不断探索与完善绘本教学策略，为学生的美术学习之路注入更多的活力与创意。

参考文献

[1] 林笑玲 . 小学美术教学中儿童绘本的应用探讨 [J] . 美术教育研究 , 2018, (08):128.

[2] 薛梅 . 绘本教学融入小学美术课堂的策略 [J] . 教学管理与教育研究 , 2020, 5(18): 111–112.

小学绘画课程与学生创意思维培养的研究

—— 以双槐树小学"槐美课程"为例

◎ 程冲 朱华敏

小学阶段是学生思维和能力发展的关键时期。在这一时期，学生的认知、情感和社交能力都在迅速发展，而创意思维作为一种关键能力，不仅影响学生的学习表现，还对其未来的发展产生深远影响。在新课程改革的背景下，小学美术教学的作用逐渐受到重视，培养学生的创新意识与创新能力成为整个小学美术教学的一个重要目标[1]。本文旨在透过双槐树小学在"槐美课程"中小学绘画课的实践，探讨小学绘画课程如何有效地培养学生的创意思维，分析教学方法与策略，提供可操作性的课程设计建议，为教师和教育工作者提供实践指导。

一、创意思维的定义与重要性

在探讨小学绘画课程如何促进创意思维之前，有必要对创意思维的概念及其重要性进行详细地阐述。

（一）创意思维的概念

创意思维指的是产生新颖、独特且有价值想法的能力。它包括四个核心要素：流畅性、变通性、独特性和精致性。流畅性指在短时间内产生大量想法的能力，变通性是指从不同角度思考问题的能力，独特性则强调想法的原创性和新颖性，精致性则涉及想法的细节和复杂性。

（二）创意思维在小学教育中的现状

在现代社会，创意思维不仅是个体创新和解决复杂问题的基础，也是推动社会进步的动力。

当前，小学教育对创意思维的重视程度逐渐提高，但在实际教学中仍存在一些问题和挑战。许多教师由于缺乏有效的教学策略和资源，难以在日常教学中充分培养学生的创意思维。同时，过于注重知识传授和考试成绩的教育模式，也限制了学生创意思维的发展。

二、"槐美课程"中小学绘画课程的设计与实施

在理解了创意思维的重要性之后，我们将从"槐美课程"出发，探讨小学绘画课程如何设计与实施，以有效培养学生的创意思维。

（一）课程目标

小学绘画课程的设计以培养学生的创意思维为目标，具体包括：总体目标，促进学生的全面发展，特别是创意思维；具体目标，包括技法掌握、艺术欣赏和个性表达等。

（二）课程内容

绘画课程的内容涵盖基础绘画技能训练、各种绘画风格和技法的介绍，以及艺术史和名画赏析。通过这些内容的学习，学生掌握了基本的绘画技能，提高了艺术鉴赏能力，激发了创作欲望。

（三）教学方法

在学校的绘画课程中，教师采用多种教学方法来激发学生的创意思维。

1.项目导向学习（PBL）：通过实际项目的设计和完成，让学生在解决问题的过程中发展创意思维。

2.游戏化学习：通过有趣的游戏活动，激发学生的学习兴趣和创意思维。

3.跨学科融合：将绘画与其他学科，如科学、语文、数学等结合，培养学生的综合能力和创意思维。

（四）课程实施的实际案例

在实际教学中，教师通过设计具体的课堂活动来实现上述目标。例如，为了加强跨学科融合，教师命题"科学与艺术结合"。学生要创作一幅描绘植物生长过程的作品，同时融入科学知识，解释植物生长的原理。通过一些创新性多样化的教学方法和活动，我们在绘画课堂中成功地将创意思维的培养融入绘画教学之中。

三、绘画课程与创意思维培养的关系

绘画课程对创意思维的培养有直接和间接的影响。通过绘画活动，学生可以提高技艺，同时培养独立思考和创新能力。

（一）绘画课程对创意思维的直接影响

绘画课程对创意思维的培养具有直接和间接的影响。通过绘画训练，学生可以提升观察力和想象力，培养独立思考和解决问题能力。例如，在学校将绘画课堂搬到户外进行写生活动时，学生需要仔细观察对象的形状、颜色和细节，并通过自己的理解和想象将其表现出来。

（二）绘画活动中的创意思维训练

在绘画活动中，可以通过设计各种创意思维训练来培养学生的发散思维和聚合思维。例如，教师让学生在命题学习一段时间后，进行自由创作和即兴绘画活动，在没有任何限制的情况下自由表达自己的想法，从而培养他们的发散思维。同时，也可以穿插进行主题绘画和项目作品创作，让学生在特定的主题下进行深入思考和创作，培养他们的聚合思维。

（三）具体教学策略的应用

在绘画课程中，教师可以采用多种教学策略来培养学生的创意思维。

1. 启发式教学：通过提问和引导，让学生在思考中找到答案，培养他们的独立思考能力。

2. 案例教学法：通过分析经典艺术作品和成功案例，让学生学习和借鉴他人的创意思维。

3. 合作学习与交流：通过小组合作和讨论，让学生在互动中碰撞出新的创意和想法。

四、案例分析与实践反思

通过分析一些来自"槐美课程"中绘画课堂上的实际教学案例，可以更好地理解绘画课程在创意思维培养中的应用，并反思其有效性和改进空间。

（一）案例分析

通过具体的教学案例可以展示绘画课程在创意思维培养中的实际应用效

果。例如，在一场主题为"绿色畅想"的绘画活动中，教师引导学生讨论什么是绿色城市，以及绿色城市对环境和居民生活的重要性。学生积极发言，提出了各自富有创意的想法，如建设"海绵城市"、屋顶花园和人们的低碳出行等。随后，教师鼓励学生将这些想法转化为具体的画面。在此过程中，教师引导学生思考环保的重要性，并在绘画中融入自己的环保理念。

（二）学生作品展示与评价

通过展示学生的作品，可以直观地反映他们的创意思维发展水平。教师可以从多个维度设定作品评价标准，如作图技法、创意性、独特性和表达力等，对学生的作品进行评价，指出作品的亮点与不足，并给予建设性的反馈，从而激励学生自我反思与成长，帮助学生不断提升自己的创意思维。

（三）教师的角色与作用

在创意思维的培养中，教师的角色至关重要。教师不仅是知识的传授者，更是学生创意思维的启发者和引导者，教师需要具备丰富的专业知识和教学经验，还需要有较高的创意素养和敏锐的洞察力。通过不断提升自身的创意思维水平，教师能够更好地引导和激发学生的创意潜能。

五、结论与建议

从"槐美课程"的小学绘画课实践效果来看，这对学生创意思维的培养具有显著的积极影响。通过科学设计课程内容和采用多样化的教学方法，教师可以有效激发学生的创意潜能，培养他们的创新精神和综合能力。为了更好地发挥小学绘画课程在学生创意思维培养中的作用，未来的教学改革应着重于解决现有问题，如优化教育资源配置、平衡美术教育的发展、明确教育主体等[2]。双槐树小学的教育者需进一步探索和完善绘画课程的设计与实施，为学生提供更加丰富和多样的学习体验。

参考文献

[1] 李姣.新课程背景下小学美术教学中学生思维创新的引导 [J].中国校外教育，2015,(01): 163.

[2] 柏淑杰,孟凡玲.新课程理念下小学美术教育教学改革与创新 [J].中国教师，2020, (S1): 7.

小学绘画教育对学生专注力与观察力的培养

◎ 周亚

　　绘画教育是一种视觉和实践相结合的教育方式，在能够吸引学生注意力的同时促进他们的全面发展。专注力、观察力是学生学习和生活中至关重要的能力，对学生的学习效果和未来的发展都有深远影响。在小学阶段，学生正处于身心发展的关键时期，专注力和观察力的培养尤为重要。本文将透过双槐树小学的绘画教育实践，探讨绘画教育如何培养学生的专注力和观察力，并提供具体的可操作性建议与实践方案。

一、绘画教育与专注力

　　在了解绘画教育如何影响专注力之前，需要明确专注力的概念及其在小学教育中的重要性。

（一）专注力的定义与重要性

　　专注力是指在特定时间内将注意力集中在某一项任务上的能力。对于小学生来说，专注力的发展尤为关键，它直接影响学生在课堂上的学习效果和日常生活中的自律性。通过有效的专注力培养，学生能够更好地完成学习任务，提高学习效率。

（二）绘画教育对专注力的影响

　　在绘画过程中，学生需要集中注意力去观察、构思和表现，这对专注力的要求极高。绘画活动中长时间集中和细致操作，能够有效锻炼学生的专注力。例如，教师选择宋徽宗赵佶的经典绘画作品《写生珍禽图》，让学生挑选感兴趣的部分进行临摹，在临摹过程中，学生需要观察作品的每一个细节，并在自己的画纸上进行再现。

二、绘画教育与观察力

在该部分，将深入探讨观察力在小学生成长中的重要性，以及绘画教育如何以其独特的方式，促进并强化这一关键能力的发展。

（一）观察力的定义与重要性

观察力是指对周围事物进行细致观察和感知的能力。对于小学生来说，观察力的培养能够帮助他们更好地理解和感知世界。通过提高观察力，学生能够在学习中更好地获取信息，提升学习效果。

（二）绘画教育对观察力的影响

在绘画过程中，学生需要通过细致观察周围的事物，并将其在画纸上表现出来。这一过程锻炼了学生的观察能力，还培养了他们对细节的敏感度。为了更有效地培养学生的观察能力，教师应当注重培养学生的主观能动性，充分调动学生的积极性[1]。例如，教师组织学生到校园内进行写生活动，让他们观察校园环境，选择树木、花草、小动物等作为观察对象，并将其描绘在画纸上。学生在这个过程中培养了细致入微的感知能力。

此外，绘画教育中多种材料与技法的运用，能够让学生学会观察和记录不同的细节。例如，教师让学生使用铅笔进行素描，通过素描训练提高学生的线条观察能力；随后引入水彩，让学生学习颜色的观察和运用。通过不同材料和技法的结合，学生的观察力得到了全面提升。

三、培养专注力与观察力的具体途径

为了更好地理解如何通过绘画教育培养学生的专注力与观察力，教师可以从课程设计、教学方法和课堂管理三个方面入手。

（一）课程设计

绘画教育的课程设计应系统化，教师可以制订系统的绘画课程计划，根据学生的年龄和能力，设置从简单到复杂的绘画任务，逐步增加任务的难度。

（二）教学方法

项目式学习是培养学生长时间专注与细致观察的有效方法。通过主题绘画项目，学生可以在长时间内专注于一个主题，进行深入地观察和创作。同时，教师还应该教给学生正确的观察方法，帮助他们扩大观察视野，深化观察层次[2]。例如，教师设定一个主题，如"槐树的春夏秋冬"，让学生进行系列绘画创作。在这一过程中，学生分阶段地、长时间地专注于观察校园内的槐树。

分步骤教学也是提升学生专注力和观察力的重要方法。教师可以将绘画过程分为多个步骤，让学生逐步完成每一个步骤。例如，在进行《夏天的槐》作品绘画时，可以先进行草图设计，然后逐步加入细节、颜色和阴影。通过分步骤教学，学生能够在每一个步骤中集中注意力，提升专注力和观察力。

（三）课堂管理

营造安静、专注的课堂氛围对于培养学生的专注力和观察力至关重要。室内教学时，教师结合多媒体媒介，激发学生的兴趣，帮助学生更好地集中注意力；户外教学时，因小学阶段的学生对户外课堂有天然的兴趣，教师要提前强调课堂纪律，同时规定好课堂范围，随时关注学生的动向。此外，教师还应适当提供休息时间，防止学生在长时间的绘画过程中感到疲劳，分散注意力。

四、家校合作的作用

在日常的绘画教育实践中，我们发现家校合作可以起到事半功倍的效果。家长的积极参与和支持，以及学校资源的充分利用，对于学生专注力与观察力的培养至关重要。

（一）家长支持与参与

家长是否支持与参与对学生绘画教育的效果起到了至关的重要作用。家庭绘画活动的开展和家长对孩子绘画活动的鼓励与支持，能够进一步提升学生的专注力和观察力。例如，学校利用假期时间，让家长与孩子一起进行绘画活动，共同完成《我的假期》主题绘画。在这一过程中，家长便可以锻炼孩子的表达力、专注力和观察力。

（二）学校支持与资源

学校应提供丰富的绘画资源与材料，为学生的绘画教育提供有力支持。例如，学校为绘画教学配备了专门的绘画教室，尽可能地配备了各种绘画工具和材料，如铅笔、水彩、油画颜料等。

五、效果评估

为了确保绘画教育在培养学生专注力和观察力方面的效果，需要进行有效的评估。通过评估，教师可以发现学生的进步，并根据需要调整教学方法。

（一）评估方法

通过观察学生的绘画作品，可以评估他们是否进步。例如，教师每节课收集学生的绘画作品，进行对比和分析，观察他们在专注力和观察力方面的进步程度，并针对不同情况进行个性化训练。同时还可以对学生定期进行专注力与观察力测试，教师可以设计一些简单的测试，如让学生在规定时间内完成一幅作品，在过程中观察他们的专注度和细致程度。

（二）反馈与改进

根据评估结果，教师可以调整教学方法，进一步提高学生的专注力和观察力。例如，如果发现学生在某些方面存在不足，教师可以加强针对性的训练，提供更多的指导和帮助。教师还应与家长保持沟通，及时反馈学生的进步和需要改进的地方，共同促进学生的成长。

六、结论

从学校的实践过程可以看出，绘画教育在培养学生专注力与观察力中具有重要作用。通过系统的课程设计与有效的教学方法，可以显著提升学生的专注力与观察力。教育之路远不止于此，作为教育者应该做的，就是努力提高绘画教育在小学教育中的地位，并不断创新教学方法，适应现代教育需求。在此呼吁家长、教师、学校和社会各界，共同推动绘画教育的发展，为学生专注力与观察力的培养提供更好的支持和资源。

参考文献

[1] 王媛媛 . 小学美术教学中学生观察力的有效培养研究 [J] . 中国校外教育，2018, (28): 11.

[2] 李文姣 . 儿童绘画与观察力培养的实证研究 [J] . 成都理工大学学报 (社会科学版)，2017, 25(02): 113-118.

槐美课堂　绘声绘色

—— 将绘本融入美术教学策略探讨

◎　古小英　张金凤

绘本，顾名思义就是"画出来的书"，主要以画面为主，并配以少量的文字（有的甚至一个字也没有），即用图画与文字共同叙述一个完整的故事，图文并茂，并表达特定的情感和主题。绘本中的文字简洁明了，语言优美生动，画面丰富多彩，情节奇幻美妙，是儿童成长路上的好伙伴。阅读绘本，为儿童打开了一扇多彩的智慧之门。近年来，随着社会、学校和家庭教育理念的不断更新，儿童的绘本阅读受到了越来越广泛的关注。因此，双槐树小学立足现实，因地制宜，推出"槐美课程"。本文以绘本教育为窗口，旨在探讨将绘本融入学校美术教育教学所面临的挑战，并提出相应的对策，期待为绘本教学的未来发展提供有益参考。

一、儿童绘本教学的意义与现状

在该部分，我们将从绘本在教育中的核心价值出发，进一步探讨当前教育大环境中绘本教学的实际状况。

（一）绘本在教育中的重要作用

西方儿童文学研究学者罗西·怀特说："绘本是孩子在人生道路上最初见到的书，是在漫长的读书生涯中读到的所有的书中最最重要的书。一个孩子从绘本中体会到多少快乐，将决定他一生是否喜欢读书，儿童时代的感受，也将影响他长大以后的想象力。"作为一种跨学科的教学工具，绘本在现代教育中的作用愈发显著。绘本成为语言学习的载体，更涵盖了艺术、科学、社会等多方面的内容，对儿童综合素质的培养有着积极的影响。

在儿童教育中，绘本的价值远超出语言学习的范畴。它通过故事情节的展开和角色的塑造，能够激发儿童的情感共鸣和想象力，从而促进他们的心理和情感发展。绘本在知识传授上具有独特优势，在美术教学中，利用好绘本的教育功能能够让教学更高效。

（二）当前绘本教学的现状

在当前的教育领域中，大家逐渐开始认识到绘本教学的重要性，小学美术绘本教学已经成为一种发展趋势。但在其实际应用中仍存在许多问题和不足。当前，绘本教学在不同地区、不同学校的发展水平参差不齐。部分学校在绘本资源的配备和教学方法的运用上已有了长足的进展，但也有许多学校由于资源和教师能力的限制，无法充分发挥绘本的教育潜力。教师教学观念的偏差，教育理念的落后，以及儿童的参与积极性，都直接影响绘本教学的效果。

二、教师绘本教学能力的培养

教师是绘本教学的核心，他们的专业能力直接关系到教学效果。然而，当前许多教师在这一领域的专业水平还有待提升。部分教师可能缺乏将绘本融入美术教学的经验和技巧，这都限制了绘本教育的有效实施[1]。目前，双槐树小学在该方面还有明显的局限性，一方面教师在将绘本讲一讲、看一看过后，随手丢弃，另一方面却又想方设法寻找美术活动的题材。教师在拿到绘本后，挖掘不出其中蕴藏的美术教育价值，让绘本与美术教学活动失之交臂。针对这些问题，笔者建议可以从以下几个方面着手，帮助学校教师提升将绘本融入美术课堂的教学能力，从而更好地服务于儿童的发展。

（一）专业培训

学校应举办绘本教学工作坊，定期举办研讨会，邀请经验丰富的专家和教师进行经验分享，并讨论当前面临的挑战及解决方案，帮助教师提升在绘本选书、解读与应用方面的能力。通过与专家的交流，教师可以获得新的教学灵感，来丰富课堂内容，提高教学效果。

（二）经验交流

鼓励教师进行自我反思，建立个人反思日记档案，记录每次的教学经历和感受，总结成功的经验以及需要改进的地方。教师通过校内或校外的绘本教学交流平台，分享成功案例与创新方法。这种交流能够促使教师互相学习，还能激励他们在教学中进行大胆尝试，形成多样化的教学风格。

（三）持续学习

鼓励教师积极参与在线课程和教育研讨会，跟踪绘本教学的新趋势和新方法。教师应保持终身学习的态度，不断丰富自己的知识储备，以适应教育环境的变化。持续学习能够帮助教师在专业领域保持领先，让他们在教学过程中更加灵活应对各种挑战。

三、将绘本融入美术课堂的策略

将绘本融入美术课堂是一种非常有效的教学策略，它不仅能够提升学生的阅读兴趣，还能激发他们的创造力和想象力。为了有效地将绘本融入美术课堂，特提出了以下几种教学策略。

（一）绘本选择

在选择绘本时，首先，确保内容和语言符合学生的年龄特征；其次，根据即将教授的艺术概念或主题选择绘本，例如色彩、形状、纹理等；最后，关注绘本的艺术性，即挑选具有较高艺术价值的绘本，以便学生可以欣赏到不同的绘画风格和技术。

（二）绘本导入

根据学生的兴趣和需求，设计个性化的教学计划，确保每个学生都能从中受益[2]。根据不同年龄段的学生特点，采取的导入方式不同，低年级的可以由教师讲述绘本故事，高年级的可以是师生共读或者独自阅读。不论采取何种方式，都需要让学生在听读过后沉浸在故事中，有时需要教师引导学生理解绘本内容，还可鼓励学生分享个人经历与绘本内容的联系。

（三）小组讨论

在绘本阅读后，组织学生进行小组讨论，分享他们的阅读感受。这种方式不仅能够激发学生的想象力和创造力，还能提升他们的交流能力和团队协作精神。例如为一组学生（大约7～9岁）设计一堂美术课，主题是"我的奇幻冒险"，我们会选择一本故事情节丰富、插画精美的绘本《奇幻森林历险记》作为讨论的基础。

第一步：将学生分成5～6人小组，一起阅读绘本，阅读过程中，鼓励学生记录下他们喜欢的画面和故事中的关键元素。

第二步：进行小组讨论。

1. 故事中有哪些令你印象深刻的画面？

2. 如果你是故事中的主人公，你会怎么做？

3. 故事中有哪些可以改变的地方？

4. 你最喜欢的角色是谁？为什么？

（四）创意作业

创意作业的布置可以帮助学生进一步发掘自己的创造力，并加深对绘本内容的理解。

1. 角色扮演海报

让学生选择绘本中的一个角色，并为这个角色制作一张海报，海报上应该包含角色的名字、特点、喜爱的事物以及一名角色可能会说的台词。学生还可以为角色设计一套新的服装，并解释这套服装背后的意义。

2. 故事续写与插图

让学生根据绘本结尾部分，想象接下来会发生什么，并写下来。还可以为续写的故事部分添加插图，完成后与其他同学交换故事，还可以为对方的故事创作插图。

3. 故事地图

让学生绘制故事中发生地的地图，地图需要标记出重要的地点，比如主角家的位置、冒险开始的地方、最终决战的地点等。在绘制过程中，学生可以使用不同的颜色和图标来标注特殊地点。

四、巧用资源，管理时间

在绘本教学中，教材、设施和资金的有限性是常见的问题。学校面临绘本资源缺乏的难题，教学设施也难以满足多样化的教学需求。对此我们进行了以下对策探索。

（一）资源共享

通过与友好学校合作建立绘本共享库，减轻单个学校的资源压力。此外，还可以利用数字技术创建电子绘本库，使学生能够随时随地进行阅读。电子绘本库不仅能节省资源，还能扩大书籍的可获取性，丰富学生的阅读体验。

（二）时间管理

合理安排课程，提升课堂教学效率。教师通过优化教学内容，减少不必要的重复和无效活动，同时，可以布置灵活的课外阅读任务，推荐绘本阅读书单，让学生在课外也能接触到丰富的绘本内容。

（三）社区与家庭参与

借助江津区图书馆、社区中心等外部资源，开展丰富多彩的绘本阅读活动。这些活动为学生提供了更多阅读机会，在无形中也培养了他们的阅读习惯。此外，还要引导家长积极参与进来，让学生能够在家庭中得到阅读支持和引导。

五、科技融入绘本教学

随着科技的发展，电子绘本和互动软件成为现代绘本教学中的重要工具。电子绘本能提供丰富的阅读内容，还可以通过声音、动画等多媒体元素，增强学生的阅读兴趣和体验。

同时可以利用AI辅助，分析学生的阅读数据，根据学生的阅读习惯和兴趣，推荐合适的绘本，提高教学的针对性和有效性。例如，将一名学生过往阅读的绘本名称汇总上传至AI平台，并由AI根据这些阅读数据，推荐10本适合进阶阅读的绘本。

六、结论

绘本教学在"槐美课程"中的美术课堂发挥着重要作用，但其实施过程中面临着诸多挑战。通过加强教师的专业能力建设、重视学生反馈、优化资源配置以及引入科技手段，这些问题得以有效应对。未来，绘本教学有望成为启迪智慧、培养综合素质的重要途径。作为教育者，我们要持续创新，让绘本成为儿童心灵成长的桥梁，推动教育向着更加包容、个性化的方向发展。

参考文献

[1] 周清芳 . 绘本资源在小学美术教学中的运用探究 [J] . 美术教育研究 , 2020, (06): 154–155.

[2] 颜伟东 . 在核心素养理念下 , 探讨小学美术绘本教学策略 [J] . 新课程 (上), 2019, (05): 80.

在比赛中激发小学生艺术潜能与增强文化认同的实践探索
—— 以双槐树小学现场书画大赛为例

◎ 周忠敏　郑麟维

艺术教育在现代教育体系中占有重要地位，它是培养学生审美情趣和艺术修养的关键途径，同时也是激发学生创造力和增强文化认同感的有效方式。这是一门视觉艺术，需要学生具备发现美和感知美的敏感度[1]。本文将通过分析双槐树小学举办的现场书画大赛，探讨此类活动在激发小学生艺术潜能与增强文化认同感方面的具体实施过程、取得的成果以及对小学生个体成长的深远影响。通过这一实践探索，希望为其他学校和教育机构在开展类似活动时提供参考和启发。

一、现场书画大赛的意义

现场书画大赛为学生提供了一个自由创作的舞台，也是一个培养艺术创造力和传承传统文化的宝贵机会。

（一）自由创作的舞台

现场书画大赛作为一种传统艺术活动形式，为学生提供了一个自由创作的平台。在这个平台上，学生不受固定框架和标准的限制，能够根据自己的想象力和理解，创作出独具特色的作品。自由的创作氛围极大地激发了学生的艺术潜能，使他们在创作过程中体验到艺术表达的乐趣与成就感。

在比赛过程中，学生通过书法和绘画的形式，发挥想象力和创造力。他们可以选择不同的题材、运用多样的技法来表达自己的思想和情感。这种创作体验提升了学生的艺术修养，还帮助他们在艺术中找到独特的表达方式，从而增强自信心和艺术感知力。

（二）传承和弘扬传统文化

现场书画大赛为艺术创作提供了机会，也具有传承和弘扬传统文化的深远意义。大赛的主题和内容与传统文化密切相关，具有白沙历史文化特色，融入了白沙这个中国历史文化名镇众多的人文景观，并涵盖了白沙文化内涵，如东汉崖墓石刻、唐代建成大圣寺、邻母洞的碑刻、聚奎书院、九宫十八庙、黑石山风景等，这些都在创作中有所体现，这些文化元素的融入使学生在创作与传统文化相关的作品时，需要对文化内容进行深入理解和思考，这一过程可以加深他们对中华优秀传统文化的认知，理解传统文化的魅力。

二、活动的筹备与宣传

为确保活动取得圆满成功，学校项目团队在筹备工作上倾注了大量的心血，力求做到全面而细致，同时在宣传工作上也下足了功夫，力求做到广泛而有效。

（一）筹备工作的全面性与细致性

活动的成功举办离不开学校组织者的精心筹备和资源的有效整合。双槐树小学作为全国十佳少儿书画先进单位、陈可之白沙美术学校，长期以来的文化氛围建设为此次书画大赛的顺利进行提供了坚实的基础。学校在筹备阶段制定了详细的活动方案，明确了大赛的时间、地点、参与对象、作品要求等具体细节，并根据以往的经验进行了优化调整，确保活动顺利开展。

在筹备过程中，学校组织了多次教师会议，讨论了活动的各个环节，确保每位参与者都能清楚了解自己的职责。此外，学校邀请了专业书画艺术家担任评委，确保比赛的公正性和专业性。

（二）宣传工作的广泛性与有效性

在活动宣传阶段，学校通过学校"槐花之声"少儿广播、班级展示栏、海报宣传等多种途径，向全体学生和家长介绍书画大赛的意义和具体安排，激发学生的参与热情。通过展示往届优秀作品和获奖情况，学生的参赛积极性进一步提高，为比赛的成功奠定了坚实的基础。

为了确保宣传效果，学校在校园内进行了广泛宣传，还通过家长微信群、校外教育平台等渠道，扩大了活动的影响力。这种多层次的宣传策略，提高了学生和家长对活动的关注度，也加强了学校与家庭之间的互动和沟通，为活动的顺利开展创造了良好的氛围。

三、艺术创造力的激发

要深入探讨现场书画大赛如何激发学生的艺术创造力，学生的现场创作过程、教师与评委的指导，以及学生作品的创新都是不可缺少的要点。

（一）现场创作的过程分析

大赛为学生提供了一个真实的创作环境，学生需要在规定时间内完成作品，这在考验他们艺术技能的同时，还锻炼了专注力和时间管理能力。

在创作过程中，学生根据自己的感受和理解，选择不同的表现手法和艺术材料。然后在纸上勾勒出各种形象，通过流畅的线条或鲜明的色彩，表达对生活和文化的独特见解。这种创作体验，帮助学生更好地理解艺术创作的过程与意义，也为他们未来的艺术学习打下了坚实的基础。

（二）教师和评委的指导作用

在书画大赛中，教师和评委的指导作用至关重要。教师要在日常教学中为学生打好艺术基础，在比赛过程中给予及时的指导和鼓励，帮助学生克服创作中的困难，提升他们的艺术水平。教师的指导不限于技法，还包括对学生创作思路的引导和启发，帮助他们在创作中找到灵感。

评委负责对作品进行评判，他们的评审标准和反馈意见对学生的艺术成长有重要影响。在评审过程中，评委要关注作品的技术水平，还要注重作品的创意和文化内涵。通过专业的评价，学生可以认识到自己的优点和不足，激励他们在未来的艺术学习中继续努力。

（三）学生作品的多样性与创新性

书画大赛的一大亮点是学生作品的多样性和创新性。参赛作品形式多样，内容丰富，既有传统的水墨画和书法作品，也有现代风格的绘画作品和创新形式的艺术表达。这些作品充分展示了学生对艺术的理解和创作的热情。

学生通过不同的艺术形式和表现手法，创作出富有个性和创意的作品。这些作品展现了他们的艺术才能，也体现了他们对艺术的独特见解，例如，有的学生在书法作品中融入现代字体设计的元素；有的学生在绘画作品中运用了抽象主义表现手法，呈现出丰富的视觉效果。这样的创新表达，拓宽了学生的艺术视野，也为未来的艺术创作提供了新思路。

四、成效评估

书画大赛可以称作一场技艺比拼和文化之旅。大赛通过要求学生围绕经典诗词、历史故事等传统文化元素创作，巧妙地将艺术创作与文化传承相结合，让学生在创作实践中亲身体验中华文化的博大精深。这一过程加深了学生对传统文化的理解，而且通过作品的个性化诠释，实现了艺术技能与文化素养的双重提升。

五、问题与挑战

大赛在实施过程中可能会遇到一些问题，如参赛学生水平参差不齐、评判标准不统一等。这些问题需要在活动筹备和实施过程中进行有效的应对和解决，以确保大赛的顺利进行。

为克服活动实施中的挑战，可以采取这些措施：通过课前培训和指导，提高学生的书法和绘画水平，确保他们能够在大赛中展示出最佳状态；在大赛前，组织评委进行讨论和培训，制定统一的评判标准，确保评分的公平公正；通过多种途径进行宣传和动员，吸引更多的学生参与，营造浓厚的比赛氛围。

六、结论与建议

书画大赛活动并非仅仅关注学生的艺术技能，还包括艺术知识学习，这有助于提高学生的道德素质、文化素质、审美素质等[2]。通过这类活动，学生在个人成长和发展中受益匪浅。之后，双槐树小学会继续开展类似的活动，进一步探索艺术教育和文化传承的新途径，为学生提供更多的机会和平台。

参考文献

[1] 王玉涵 . 陶冶学生情操 提升小学生美术审美意识 [J] . 新智慧 , 2021, (08): 35–36.

[2] 孙钢 . 书法竞赛对少儿书法学习知识获得和基本审美的影响及分析 [J] . 艺术评鉴 , 2020, (24): 15–17+31.

美育新视角：传统文化在校园的复兴之路
—— 以双槐树小学为例

◎ 黄程　邓权

教育作为文化传承的重要途径，承载着培养新一代对传统文化认知和尊重的使命。美育教育在传统文化传承中发挥着不可或缺的作用。它不仅仅是一种技能的培养，更是一种心灵的启迪和情感的陶冶。我国的学校美育应该根植于中国传统文化的深厚土壤中[1]。本文以双槐树小学为例，探讨学校如何通过美育教育复兴传统文化，培养学生的审美情趣和文化自信。

一、双槐树小学美育教育的背景

双槐树小学坐落在中国历史文化名镇——重庆市江津区白沙镇，学校深谙传统文化在现代教育中的重要性。学校的美育教育根植家乡这方沃土，传承着白沙的教育文化、抗战文化、非遗文化以及重商崇文情结，形成了优良的艺术氛围，铺垫下厚实的艺术土壤。

学校积极引进社会力量和优质校友资源，创办白沙陈可之美术学校，并先后被评为全国十佳书画教育名校、重庆市文明校园、江津区绘画特色学校。学校以"立德树人"为根本任务，将传统文化融入美育教育，旨在培养学生的综合素质和文化认同。在这一理念的指引下，双槐树小学开展了一系列以传统文化为核心的美育活动，取得了显著成效。

二、美育教育中传统文化的教学方法

双槐树小学的美育教育是多元化、多形式的，包括但不限于书法、绘画、音乐、舞蹈、体育等。学校采用现代教学方法与传统文化教学相结合，如利用多媒体技术展示传统文化的魅力，同时注重学生的实践操作和创新思维。例如，在书法课上，教师通过视频展示名家书法作品，唐代书法家欧阳询的楷书代表作《九成宫醴泉铭》，宋代文学家和书法家苏轼的行书代表作《黄州寒食诗帖》等，让学生直观感受书法艺术的魅力，并进行临摹和创作。

美术课上，教师以中国现代著名画家吴冠中的《荷塘》为例，分析其巧妙构图与笔墨运用，结合中国传统绘画技法，指导学生创作具有中国特色的绘画作品。

在体育教学中，加入传统文化与现代体育渊源的讲述，蹴鞠、投壶、射箭等都与现代体育息息相关，不仅让学生感受了传统文化的魅力，也增加了课堂的趣味性。

学校还通过艺术节、体育节、书画大赛、传统文化兴趣小组、文化体验日、武术进校园等形式，让学生全方位、多角度地接触和体验传统文化。例如，在"新生开学季，诚孝礼启蒙"迎新活动中，感受正衣冠、行拜师礼、开笔破蒙等传统启蒙教育；在"团结进取强体魄，健康运动迎新春"趣味运动会中，学校组织的踢毽子项目，健康运动的同时，带领学生了解起源于汉代，至今已有两千多年历史的娱乐活动；在"书经典诗词，绘美好明天"书画比赛活动中，学校鼓励学生以诗词为灵感，创作书画作品，不仅锻炼了他们的艺术技能，也让他们深入了解了诗词的意蕴和传统文化的内涵。这种跨学科的融合教学方式，使得传统文化在美育教育中得以生动展现，从而提高了学生的学习兴趣和参与度，让学生在参与中感受传统文化的博大精深。

三、传统文化在培养学生审美情趣中的作用

审美情趣是个人对美的感知、理解和创造能力的综合体现。双槐树小学通过开展多样化的艺术活动，如艺术节、体育节、书画大赛等，为学生提供了丰富的审美体验，帮助他们建立健康的审美观念。学校的艺术节精彩纷呈，内容包括绘画、书法、音乐、舞蹈等多个项目，学生可以自由选择参与，展示自己的艺术才华。

"红日初升，其道大光。"少年如初升红日，正确的引导，必将光芒万丈。在小学时期，人的自我意识正处于所谓的客观化时期，是获得社会自我的时期，个体显著地受社会文化影响，是角色意识建立的最重要时期。包括对自己存在的认识，以及对个人身体能力、性格、态度和思想等方面的认识[2]。如此关键的阶段，正是传统文化的种子生根发芽的良机。在日常教学中，教师注重引导学生欣赏优秀的传统文化作品，培养他们的审美能力。音乐课上，教师会播放中国传统乐器的演奏曲，让学生感受中国音乐的韵律美；在美术课上，教师会展示中国古代名画，讲解其艺术特点和历史背景，激发学生的

兴趣和思考。

在日常教学中积累下来的文化传承，正在悄然绽放。例如，在朱砂启智活动中，引导学生感受传统文化的仪式感，了解中华文明的悠久与博大；在每周国旗下的讲话，畅谈爱国主义情怀，激励学生为实现中华民族伟大复兴的中国梦而努力奋斗；在乒乓球比赛中，让学生感受竞技的乐趣，了解"国球"的魅力。

四、文化自信的培养与传统文化教育

文化自信是民族精神的重要组成部分。学校应坚持正确导向，传承文化经典，结合时代要求，力求浸润无声[3]。双槐树小学通过组织体验各种非遗传统文化活动，如朱砂启智、金钱板、风筝制作、杂耍、陈记糖关刀等非遗项目，文化传承与家国情怀在活动中不知不觉地影响着学生。学生在亲身参与中体验传统文化的魅力，增强文化认同感。

五、校园文化活动与传统文化的融合

双槐树小学积极举办各类校园文化活动，如"沿着长江看祖国"艺术节、"科技创造美好"机器人编程比赛等，将传统文化与现代科技、艺术形式相结合，展现了传统文化的创新活力。在这些活动中，学生既能学习传统文化知识，又能发挥出自己的创意和想象力，还能将传统文化元素融入现代作品中。例如，在"沿着长江看祖国"艺术节上，学生通过绘画、摄影等形式记录长江沿岸的自然风光和人文景观，表达对祖国大好河山的热爱。在"科技创造美好"机器人编程比赛中，学生设计制作了具有传统文化元素的机器人模型，如龙形机器人、舞狮机器人等，将传统文化与现代科技巧妙结合，展现了学生的创新精神。

六、面临的挑战与解决策略

尽管取得了一定的成效，双槐树小学在传统文化教育中仍然面临着师资、资金、资源等方面的挑战。学校通过加强师资培训、寻求社会支持、优化课程设置等措施，不断克服困难，推动传统文化教育的深入发展。

（一）加强师资培训

学校定期组织教师参加传统文化相关的培训，提高教师的专业水平和教学能力。通过邀请专家讲座、组织教师外出学习等方式，拓宽教师的知识视野，提升教学效果。

（二）寻求社会支持

学校积极与社会各界合作，争取更多的资源和支持，例如，与地方文化机构、博物馆、非遗传承人等建立合作关系，丰富教学资源。

（三）优化课程设置

根据学生的兴趣和需求，合理设置课程内容和活动形式，增强教学的吸引力和实效性。通过开设更丰富的选修课、兴趣小组等方式，为学生提供更多的学习机会和平台。

七、结论与展望

双槐树小学的美育教育实践表明，传统文化的复兴不仅能够丰富校园文化生活，更能够培养学生的审美情趣和文化自信。通过多样化的教育活动和创新的教学方法，学校成功地将传统文化融入学生的日常学习生活中，激发了学生对传统文化的兴趣和热爱。

未来，双槐树小学将继续探索传统文化与现代教育的融合之道，为培养具有民族精神和国际视野的新时代青少年作出更大的贡献。学校将不断创新和发展传统文化教育模式，让传统文化在每一位槐小学子心中扎根，在新时代焕发出更加灿烂的光芒。

参考文献

[1] 曹瑞敏,郭黎丽.传统文化视域下的小学美育探究——以烟台市潇翔小学为例[J].齐鲁师范学院学报,2021,36(05):108–113+119.

[2] 林崇德.发展心理学（第三版）[D].北京：人民教育出版社,1995.

[3] 周琼,李宇阳.中华优秀传统文化在学校美育中的价值彰显及推进路径[J].教学与管理,2023,(18):43–46.

智能互联时代乡村小学
美术教育的重构与创新
—— 以双槐树小学为例

◎ 唐军　何小英

在智能互联时代，科技的迅猛发展改变着城市学校的教育模式，也为乡村小学提供了新的机遇。乡村小学美术教育作为培养学生审美能力和创造力的重要途径，其地位和作用愈发显著。在新时代背景下，通过智能互联技术的应用，乡村小学美术教育迎来了新的发展契机，本文旨在以双槐树小学为例，探讨智能互联时代乡村小学美术教育的重构与创新。

一、乡村小学美术教育现状

目前，乡村小学的美术教育普遍面临资源匮乏、师资力量不足、教学设施落后、课程设置不合理等问题[1]。资源匮乏是乡村小学美术教育面临的主要问题。许多学校缺乏基本的教学工具和材料，难以开展丰富多彩的美术课程。师资力量的不足也极大地影响了教学效果，大多数教师兼职负责美术课，缺乏系统的培训和支持，无法为学生提供高质量的美术教育。课程内容单一，主要集中在基础绘画技能的训练上，难以激发学生的兴趣和创造力。

二、技术应用与课堂重构

技术的应用正在逐渐改变我们的教学方式，特别是在乡村小学美术课堂中，智能互联网让课堂结构不断优化。

（一）智能互联技术的应用

智能互联技术的应用为乡村小学美术课堂带来了新的变化。通过互联网平台，教师可以获取丰富的教学资源，包括视频教程、互动课件和虚拟美术馆等。同时，在线教育平台的普及，使得乡村学生也能享受到优质的教育资源。如国家智慧教育平台，通过在线教学视频，学生可以接触到世界各地的优秀美术作品，拓宽他们的视野和审美能力。

（二）课堂结构的优化

智能互联技术使得翻转课堂、项目式学习等创新教学方法成为可能。教师可以通过网络布置预习任务，学生在课前完成相关学习，课堂上则进行讨论和创作活动。在线互动工具如即时通信软件、在线论坛等，可以增强师生间的互动，提高学生的参与度和学习积极性。此外，利用电子白板、平板电脑等设备，可以让学生在课堂上进行互动创作，增加参与感。

三、教学方法与课程内容的创新

教学方法与课程内容的创新是教育不断发展向前的关键，以双槐树小学在"槐美课程"的教学方法和课程内容探索为例，从以下几个方面进行探讨。

（一）创新教学方法的应用

教师可以录制教学视频，学生在课前观看，课堂上进行实践和讨论。这种翻转课堂的方式提高了课堂效率，还能根据学生的兴趣和进度进行个性化教学。还可以通过设计有趣的项目，让学生在实际操作中学习美术知识。例如，学校组织学生进行社区壁画主题创作《种下一个春天》，从设计到实施，学生全程参与，学习美术知识的同时提升团队合作和实际操作能力。

（二）丰富的课程内容

互联网为美术课程提供了丰富的资源。网络资源的丰富性，使得课程内容不再局限于传统教材，学生可以学习到更多元的艺术形式和技巧。教师可以利用在线美术馆、艺术家访谈视频、互动绘画软件等，丰富教学内容，提升教学效果。例如，教师可以利用汇集全球数百家博物馆和画廊藏品的在线平台，来进行教学，学生可以近距离观察梵高的《星夜》、达·芬奇的《蒙娜丽莎》以及中国的《清明上河图》等名作。这些方式便于开阔学生的视野，培养多元文化意识。

四、师资培训与学生参与度的提升

智能互联技术的应用为教育带来了革命性的变革，以下内容是探讨如何通过提升师资能力和学生参与度，进一步推动美术教育的发展。

（一）提升师资能力

智能互联时代对美术教师提出了新的要求，教师不仅需要掌握传统的美术教学技能，还须具备信息技术的应用能力。定期的专业培训，可以提升教师的信息技术应用能力，使他们能够更好地运用智能互联技术进行教学。教师自身还应该充分发挥主观能动性，利用网络等平台随时随地进行学习，探索信息技术与美术学科整合的新方法，以便更好地引导学生学习[2]。

（二）提高学生参与度

传统的教学模式往往忽视了学生对美术课程的需求和思考[3]。技术手段的应用可以大大提高学生的参与度和学习兴趣，利用电子白板、平板电脑等设备，设计有趣的活动和任务，如数字绘画比赛、虚拟展览等，激发学生的兴趣和创造力，让学生在互动中学习。

五、结论

智能互联时代为乡村小学美术教育带来了新的机遇，智能互联技术丰富了教学资源和手段，还提高了学生的参与度和学习兴趣。通过技术应用和教学创新，乡村小学美术教育焕发出新的活力。随着技术的不断进步，乡村小学美术教育将迎来更多的变革和发展。作为教育者，要直面这些挑战，尝试与探寻解决之道，推动乡村小学美术教育的不断进步和发展，我们的每一次创新尝试，都是为了让学生更好地理解和热爱艺术，为他们的成长和未来注入无限可能。我们期待通过持续的努力，让每一个乡村孩子都能享受到优质的美术教育，培养他们的审美能力和创造力，成为新时代的艺术人才。

参考文献

[1] 许晓丹，王新 . "互联网 +" 背景下农村小学美术教学资源的开发与建设 [J] . 中国新通信，2021, 23(10): 229–230.

[2] 干韦 . 小学信息技术和美术学科整合的探索和实践 [J] . 教育研究，2019.

[3] 胡从嫒 . 基于 "互联网 +" 创新小学美术教学模式 [J] . 中国新通信，2023, 25(04): 236–238.

书法教育在小学阶段对学生审美能力培养的影响研究

◎ 刘伟　张兰英

书法作为我国传统文化的重要组成部分，其在小学教育中的地位日益凸显。教育部多次发文强调在小学进行书法教育的重要性，旨在引导学生正确地认识文字，提高学生的审美能力和文化品位[1]。随着素质教育的全面推进，审美能力作为学生全面发展的重要方面，越来越受到重视。书法教育不仅是传承中华民族文化珍宝的途径，更是能在学生心灵深处种下美的种子。本文通过双槐树小学"槐美课程"中的书法教育实践之路，探讨书法教育在小学阶段对学生审美能力培养的影响，并探究其背后的教育意义。

一、书法教育概述

书法教育，简而言之，就是通过书法教学活动，使学生掌握书法技能，提高审美素养的教育。书法教育在小学教育中的作用不容小觑，它既能传承传统文化，又能培养学生的审美能力。书法艺术的独特魅力为审美能力的培养提供了丰富资源。书法中的笔法、结构、章法等要素，不仅具有艺术性，还蕴含着深刻的文化内涵，使学生在练习中潜移默化地提高了审美修养。

二、书法教育对学生审美能力的影响

书法教育对学生审美能力的培养具有显著作用。首先，书法艺术的美学价值有助于培养学生的审美观念；其次，在书法练习中，学生可以体验到线条、结构、章法等审美要素的魅力，从而提升审美能力。

（一）观察力和想象力的提升

书法练习要求学生仔细观察字帖，揣摩笔法，这有助于提高学生的观察力。在临摹名家作品的过程中，学生需要细致地分析每一笔的起承转合，这种训练能够有效地提高他们的观察力和细心程度。同时，书法创作需要丰富的想象力，为学生提供了锻炼想象力的平台。在创作过程中，学生可以根据自己的理解和想象，对字形和布局进行个性化的处理，增强他们的创造力。

（二）创造力和表现力的增强

书法创作是一种个性化表达，学生在创作书法作品的过程中，可以充分发挥自己的创造力，展现自己的审美风格。通过书法，学生可以感受到笔墨之间的变化和韵律，体验到艺术创作的乐趣。这不仅提高了他们的艺术表现力，还培养了他们的自信心和审美品位。

三、书法教育中的亲子互动

亲子互动在书法教育中发挥着重要作用。家长参与书法教育，可以增进亲子关系，提高学生的学习兴趣。亲子共读共写，可以让孩子在书写过程中感受到家长的关爱，还能激发他们的学习积极性；家长的参与和示范作用，可以帮助孩子养成认真学习、追求美的良好习惯。

四、"槐美课程"中书法教育的教学策略

从双槐树小学"槐美课程"的书法教育实践得出，要提高书法教育的效果，教师可以采取以下教学策略。

（一）传统与现代教学方法的结合

在继承传统书法教学方法的基础上，融入现代教育理念，使书法教学更具活力。例如，教师采用"多媒体技术展示＋手动教学"相结合的方式，让学生先观察与思考，再通过示范讲解调整细节，达到更有效的书法学习效果。

（二）互动式和体验式教学的应用

鼓励学生参与课堂讨论，注重实践操作，通过互动式教学，学生可以在讨论和分享中相互学习，增强对书法艺术的理解和感悟。

（三）利用多媒体技术辅助书法教学

通过多媒体展示书法作品，帮助学生更直观地感受书法之美。例如，教师展示不同书体和风格的书法作品，以及写作细节，让学生直观看到写作方式和技巧，同时感受书法律动和字形之美，激发学生的学习兴趣。

（四）书法与其他学科的融合

将书法教育与语文、历史等学科相结合，可以丰富学生的审美体验。例如，在语文课上，教师可以结合古诗词教学，指导学生用书法书写诗句，让学生在书写中感受诗词的意境和韵味。在双槐树小学举办的多次书画大赛中，书法组均以古诗词为命题，让学生在实践中感受文化魅力。

五、书法教育对学生个性发展的影响

书法教育对学生个性发展具有积极作用。书法练习中的自我表达有助于学生认识自己，培养自信心。同时，书法教育有助于提高学生的社会适应能力，使学生更好地融入集体。

书法教育不仅培养了学生的艺术才能，还在一定程度上塑造了他们的性格品质。书法练习需要耐心和细心，学习过程也需要耐心和细心，这些品质在书法教育中能够得到锻炼和提升。同时，书法创作中的个性化表达，使学生能够更好地展现自己的情感和思想，培养了他们的自信心和表达能力。

六、"槐美课程"中书法教育的挑战与对策

在当前的教育环境中，书法教育正面临着一系列的挑战，尤其是在小学阶段。例如，在双槐树小学，这些挑战主要体现在资源不足和师资短缺两个方面。为了解决这些问题，我们可以考虑以下几个方面的对策。

（一）加强师资培训

提高书法教师的专业素养，以提升教学质量。为了实现这一目标，学校定期组织教师参加书法培训，并参加不同级别的教师组书法比赛，让教师在交流和竞技中提高自己的书法技能和教学水平。通过这种方式，教师可以更好地成长，进而向学生传授更多的书法知识。

（二）利用外部资源

学校与社会各界合作，开展书法教育活动，以弥补学校资源的不足。例如，学校邀请书法名家进入校园，为学生提供面对面的书法教学和实践机会。此外，学校还积极与高校建立合作与联系，吸纳有一技之长的大学生、高校教师到校开展教学和指导，营造书法学习的良好氛围。

（三）优化课程设置

学校还努力优化书法课程设置，将书法教育纳入常规的教学计划中。通过系统地教学，学生可以更好地掌握书法技巧，培养书法素养。学校还可以设计互动式的小学书法艺术课程，为小学生提供多种学习工具[2]。

（四）建立书法兴趣小组

学校建立书法社团、兴趣小组，鼓励学生积极参与书法活动。例如，双槐树小学不仅有常规的书法课，学校的乡村少年宫还建立了书法兴趣小组，学生可以在课后继续提升书法技能，结交志同道合的朋友，共同进步。

（五）提高家长认识

家长的支持和鼓励对于学生书法学习具有积极作用，学校加强与家长的沟通，提高家长对书法教育的认识。当家长认识到书法教育的重要性时，他们愿意支持孩子学习书法，从而形成家校共育的良好局面。

七、结论

综上所述，在"槐美课程"的实践中，有目共睹，书法教育在小学阶段对学生审美能力的培养具有显著影响。尽管面临资源和师资方面的挑战，但通过实施一系列对策，可以有效提升书法教育的质量和效果，这需要学校作为引导者不断开拓和探索。在深化书法教育的道路上，我们的重点任务不仅在于技能的传授，更在于向每一位学生传递书法背后的文化内涵和审美价值。

参考文献

[1] 霍福山. 让书法教育真正走进小学课堂的研究 [J]. 考试周刊, 2018, (70): 27.

[2] 李赟. 小学书法艺术的教育现状及发展策略研究 [D]. 西安：陕西科技大学, 2021.

书法教育在学校美育体系中的定位与发展策略

◎ 周星利 张馨君

在快速变迁的现代社会中，科技日新月异，信息洪流不息，而书法，这一承载着中华民族深厚文化底蕴的艺术形式，依旧熠熠生辉，以其独特的魅力，在文化传承与个人修养上发挥着不可替代的作用。书法是书写文字的艺术展现，更是中华文明悠久历史与智慧结晶的直观体现。面对新时代的教育挑战，本文通过双槐树小学的"槐美课程"书法教育实践，探讨书法教育在小学学校美育体系中的核心地位，并提出切实可行的发展策略，以期让这一传统文化珍宝在年轻一代中焕发新生。

一、书法教育的重要性

书法的重要性不言而喻。下面，笔者将从文化传承的价值和个人修养的提升两个方面，来深入探讨书法教育的重要性。

（一）文化传承的价值

书法，作为中国传统文化的珍宝，其背后蕴含着丰富的历史信息和深厚的审美价值。每一笔一画，都承载着古人的智慧和情感，是历经千年积淀下来的文化印记。通过学习书法，学生不仅能够掌握汉字的书写技巧，还可以更深刻地理解汉字背后的文化内涵。书法中的每一个字形和笔画都蕴含着古人对自然、社会和人生的独特见解，体现了中华民族独特的审美情趣和哲学思想。这种学习过程不仅是对知识的积累，更是对民族精神的传承，是中华文化在新一代中的延续。

（二）个人修养的提升

在快节奏的现代生活中，书法以其独特的宁静与深邃，成为培养学生耐心、专注力及审美能力的有效途径。练习书法需要全神贯注，笔墨运作间的细微差别，都要求学习者静心凝神，一丝不苟。通过这种训练，学生无形中锻炼了定力与耐心，培养了沉稳和专注的性格。书法之美在于其形态各异、气韵生动，体现了中国传统艺术"以形写神"的独特特质。在书法创作和欣赏的过程中，学生逐渐培养了对美的感知力和鉴赏力，形成独特的审美视角和审美情趣。这种审美能力不仅仅停留在艺术层面，还能迁移到生活的方方面面，提升个人的整体修养。书法教育在培养学生综合素质和个人修养方面的独特作用，使其成为美育教育中不可或缺的一部分。

二、书法教育当前状况分析

在探讨当前书法教育的处境之前，首先需要对当前的社会与文化环境进行一番概览，以便为后续的详细分析奠定基础。

（一）现状描述

随着信息技术的飞速发展，电子屏幕逐渐取代了传统的笔墨纸砚，人们的书写习惯发生了巨大变化。智能手机、平板电脑和计算机成为主要的信息传递工具，这些变化虽然极大地提升了人们的工作效率和生活便利性，但也不可避免地使书法这一传统艺术形式逐渐边缘化。尤其是在年轻一代中，使用键盘和触摸屏进行文字输入成为主流，传统的手写书法逐渐被淡化。与此同时，对书法的认知与兴趣也在日益减弱。这种趋势导致了书法作为文化传承载体的功能在社会生活中削弱，书法被认为是遥远的、难以接近的古老技艺，而非生活中不可或缺的艺术体验。

（二）问题识别

尽管许多学校意识到了书法教育的重要性，并开始在课程设置中引入书法教育，实际效果却不尽如人意。主要存在的问题可以归纳为两方面。一方面是缺乏系统的教学计划。许多学校的书法课程设置较为零散，没有形成连贯的教学体系，学生在学习过程中难以形成对书法的全面认知，无法深刻理解书法的艺术价值和文化内涵。另一方面是师资力量的薄弱。很多书法教师并非专业出身，其书法造诣和教学能力参差不齐。这不仅影响了学生的学习效果，也难以有效激发学生对书法的兴趣和创作热情。专业水平的不足，使得书法教学流于形式，无法为学生提供高质量的书法教育体验。书法教学所需的专业资源有限，也在一定程度上限制了书法教育的深入开展。

三、书法教育在学校美育体系中的定位

书法教育是学校美育体系中的重要组成部分，旨在通过书写艺术的学习和实践，提高学生的审美情趣，培养学生全面发展的能力。在学校美育体系中，书法教育不仅是一项技能的培养，更是连接文化传承与学生情感发展的桥梁。

（一）定位说明

书法教育的定位不仅限于技能培训，而应当成为培养学生全面素质的重要手段。通过书法教育，学生不仅能够掌握书写技艺，更能感受到中华传统文化的魅力，从而增强对民族文化的认同感和自豪感。这种教育方式不仅可以提高学生的文化素养，还能促进其品德修养。书法教育强调面向全体学生，旨在激发他们的学习兴趣，关注文化与生活，注重创新精神[1]。

书法不仅是美育中的一个独立部分，也是情感教育和品德教育的有效载体。通过书法的练习和欣赏，学生可以在潜移默化中受到传统文化的熏陶，这有助于培养他们的耐心、专注力、毅力、良好的行为习惯和积极的人生态度。由此可见，书法教育在学校美育体系中具有不可替代的重要地位。

（二）与其他学科的融合

书法教育应当与其他学科紧密结合，形成跨学科的综合教学体系，以增强其教学效果和学生的学习体验。在语文教学中，通过书写古诗词和经典文章，可以提高学生的书写水平，还能够加深他们对文学作品的理解；在历史教学中，通过书写与历史事件相关的书法作品，让学生在书写过程中重温历史事件，加深对历史背景和文化的理解。这种跨学科的融合教学模式，丰富了书法课堂的内容，还使书法学习更加生动有趣，提升了学生的学习参与度。

书法教育与其他学科的融合还可以通过项目式学习来实现。例如，学生可以通过书法创作展示其对某一历史时期或文化现象的理解，这种结合培养了学生的书法技能，还增强他们的研究和表达能力。书法教育与美术、音乐等艺术学科的结合也能创造更多表现形式，使学生在综合艺术的熏陶中全面发展。

四、发展策略

为了更好地推动书法教育的发展，笔者建议尝试以下策略。

（一）师资队伍建设

学校应高度重视书法教师的选拔与培养，通过举办专业培训、邀请书法名家授课等方式，提升教师的专业素养和教学能力。建立激励机制，鼓励教师积极参与书法研究与实践，不断提高自身的教学水平。教师自身也应不断探索新的教学方法，如结合现代技术手段，使书法教育更加生动有趣[2]。双槐树小学的经验表明，通过整合当地文化资源，可以有效提升教师的书法教学水平，如书画艺术的历史传承。

（二）课程优化

优化书法课程设置，增加实践课时比例，让学生在动手实践中感受书法的魅力。可以设置不同层次的课程，满足不同水平学生的需求。引入多媒体教学手段，利用视频、图片等直观材料，帮助学生掌握书写技巧。借鉴"槐美课程"的做法，通过开发特色课程，将书法与其他艺术形式如绘画、剪纸相结合，培养学生的综合艺术素养，使他们从多角度欣赏书法艺术的美。

（三）家校合作

家长是学生成长过程中的重要伙伴，他们的支持与参与对于学生的书法学习至关重要。他们的鼓励与陪伴，是孩子成长路上铺设的坚实基石。为了深化这一合作关系，学校应加强与家长的沟通与合作，共同为学生学习书法营造良好的学习氛围。可以定期举办书法展览、亲子书法活动等，让家长与孩子共同参与其中，感受书法的乐趣与魅力。双槐树小学通过组织"槐美书画大赛"和"剪纸艺术进校园"等活动，提升了学生的书法水平，还加强了家庭与学校之间的互动，增强了家长对书法教育的支持力度。

五、案例研究

双槐树小学，坐落于重庆市江津区白沙镇，在"臻美文化"的引领下，通过多年的探索与实践，成功打造了独具特色的"槐美课程"，其书法教育已成为学校美育体系的重要组成部分。

（一）"臻美文化"的引领与内涵

"臻美文化"是双槐树小学的校园主题文化，强调通过教育引导学生达到美好的状态，塑造全面发展的"五美好少年"。这一文化主题响应了教育使命，深深植根于学校的在地文化和历史传承之中。在"臻美文化"的引领下，双槐树小学致力于挖掘传统文化中的美学元素，尤其是书画艺术，将其融入教育教学之中，形成了独特的育人体系。

（二）"槐美课程"的构建与实施

"槐美课程"是双槐树小学在"臻美文化"指导下开发的特色课程，它以美育为核心，涵盖德智体美劳五育，通过书法、绘画等艺术形式，培养学生的审美情趣和创新能力。该课程不仅注重知识的传授，更强调情感、态度和价值观的培养，让学生在艺术的熏陶下实现全面发展。

1. 书法教育的历史传承

双槐树小学的书法教育有着深厚的历史底蕴。自建校之初，学校就深受在地书画文化的影响，书画教育氛围浓厚。特别是抗战时期，学校师生以书画为武器，宣传抗日救亡运动，推动学校书画教育的发展。中华人民共和国成立后，学校继续发扬书画传统，将书画教育融入日常教育之中，取得显著成效。

2. 专业师资的引进与培养

为了确保书法教育的质量，双槐树小学积极引进专业的书法教师，并注重校内师资力量的培养。学校定期组织书法教师培训，提升教师的教学水平和艺术素养。学校鼓励教师与学生共同成长，形成良好的师生互动关系，促进书法教育的深入发展。

3. 丰富的实践活动与展示平台

为了激发学生的学习兴趣和创作热情，双槐树小学设置了丰富的书法实践活动。学校成立了书法兴趣小组，定期举办书法比赛和展览，为学生提供了展示自己才华的舞台。学校建立臻美书画苑等展示平台，展示师生的优秀作品，营造了浓厚的艺术氛围。

4. 家庭与社会的支持与合作

双槐树小学深知家庭和社会支持的重要性，积极与家长和社会各界沟通合作。学校通过家长会、开放日等活动，向家长介绍书法教育的意义和价值，争取家长的理解和支持。学校还与社会书法团体、艺术家等建立联系，邀请他们来校授课或举办讲座，拓宽学生的视野和知识面。

（三）书法教育的成效与影响

经过多年的努力和实践，双槐树小学的书法教育取得了显著成效。学生的书法水平普遍提高，并涌现出了一批优秀的书法人才。此外，学校的书法教育还得到了社会各界的广泛认可和赞誉，为学校赢得了良好的社会声誉。

（四）经验总结

双槐树小学"槐美课程"中的书法教育之所以取得成功，关键在于以下几点：一是坚持"臻美文化"的引领，将美育融入教育教学全过程；二是注重专业师资的引进与培养，确保教学质量；三是开展丰富的实践活动和展示平台，激发学生的学习兴趣和创作热情；四是积极争取家庭、社会的支持与合作，形成教育合力。

六、结论

总而言之，书法教育在学校美育体系中占据着举足轻重的地位。它承载着文化传承的重任，更是培养学生个人修养、提升综合素质的有效途径。面对当前存在的问题与挑战，教育者需要从师资队伍建设、课程优化、家校合作等多个方面入手，制定切实可行的发展策略，推动书法教育在小学学校的深入发展。作为一名教师，我期待有越来越多的教育同仁能携手并肩开发书法课程，让更多的学生能够领略到书法的独特魅力，传承和发展这一宝贵的文化遗产。

参考文献

[1] 丁友鹏.书法教学在义务教育美术课程理念中的体现和应用 [J].湖北师范大学学报 (哲学社会科学版), 2020, 40(01): 119–123.

[2] 陈国栋,孟婷.美育视域下综合类高校书法公共课教学探索 [J].艺术研究, 2019, (06): 116–118.

浅谈"槐美课程"中学生书法兴趣的培养路径

◎ 熊强　龚馨怡

双槐树小学在战火里诞生，从硝烟中走来，用书画宣传抗日运动，用美育激发抗日力量。随着学校的发展，书画教育特色越加凸显，更具品质。艺术氛围浓烈，艺术土壤厚实，培养了大批的书画爱好者，积累了优秀的师资力量，孕育了"臻美文化"，开发了"槐美课程"，设立了"臻美书画苑"，以书法课堂为着力点，以书法"塑造美的人"，落实"立德树人"的教育根本任务。

"槐美（书法）课程"以兴趣为钥匙，开启学生学习创造之路，架设审美启智之桥，实现人的提升，让每个孩子都能成为"五美好少年"，"让所有的美与你相遇"。

一、营造书香氛围，涵养兴趣生发点

人的兴趣是在需要的基础上，在活动中产生、发展起来的。瑞士著名儿童心理学家皮亚杰指出"兴趣，实际上，就是需要的延伸……"要让学生对书法产生兴趣，就要孕育书法兴趣的土壤，让学生感受到书法能美化生活，愉悦身心，书法能让个人能力得到展示，能使个体得到认同。

为了让学生对书法产生兴趣。学校从班级文化着手，教室必须挂置经典书法作品，展示学生优秀书法作品。学校文化墙、教室外走廊等营造书画艺术氛围，专设名家专栏，介绍历代书法大师以及经典碑帖的艺术特点。开放"臻美书画苑"，每周集会上展示优秀作品，校园开放活动作品展览。学生可以随时随地欣赏作品，感受到书法的美感和艺术价值，提高观察、欣赏和分析水平，进而提高书写能力，增强学习动机，提高学习兴趣。

学校教师发展中心每学期会不定时地对学生的作业本进行抽查，期末对全校学生作业书写进行集中评比，并将其作为教师考核内容之一。学生发展中心每月进行全校黑板报评比，把板书作为最重要的评价指标。学校定期举办校内现场书画大赛，现场创作、现场评比，让学生在亲身参与中展示自己的才能，提升自己的创作技能，体验书法带来的快乐，分享书法带来的成功，在空间上和时间上为激发学生对书法学习的兴趣提供有利条件。

二、促进教师成长，搭建兴趣发力点

双槐树小学校"心系门墙桃李千千树"，对青年教师"抓好前五年"："一年入门、二年达标、三年创优、四年冒尖、五年成才"，把重要的教学任务交给青年教师，让青年教师由职初教师转变为经验教师、专家型教师。

"一年入门"就包含青年教师在第一年内完成教师"三笔字"达标任务，并学会宋体美术字，来保障学校常规教学，促进书法教育的全面展开和深入持久。在教学实践中，我深切体会到，学生羡慕教师的书法，不是书法水平有多高，而是字写得有多工整端正，规范性远比艺术性带给学生的震撼大。比如我每周书写师生值周安排时，学生经过总会驻足观看，并不时发出赞叹"哇，写得好好哟！"而且课堂教学时，板书的规范性比艺术性更实用，更吸引学生的注意力。很多书法教师反对教学生写美术字，或者把书法课上成美术字课。在我们的教学实践中，两者是可以沟通和相互促进的。我们的书法课程，从写字向书法过渡，实现了实用性到审美性的转变。

培养青年教师，提高青年教师书写水平，就是为学生的兴趣保驾护航。学生在每一节课上都能感受到书写的美感，心生兴趣，努力仿效，保持着对书法的兴趣，保持对书法的热爱，以提高学校整体的书写水平。

三、丰富课堂形式，激活兴趣生长点

为了更好地激发学生对书法的兴趣，学校不仅在课程设置上做了精心安排，而且在教学形式上也进行了多样化的探索。以下将从形式、内容和教学方法三个方面详细展开讲述。

（一）"槐美（书法）课程"形式丰富

通过三级课程保证书法教育的开展。有按照课程标准开设的书法课，面向全体学生，落实课程标准；有每周三学校少年宫书法提高课，针对学生的喜好，进行个性化的书法教育；还有少年宫书法特色课，培养具有一定书法特长的学生。连所有的学科教学都承载了书法课的部分作用，要求学科教师必须规范书写，积极协助学校书法教学开展，满足不同层次学生的学习需求。

（二）"槐美（书法）课程"内容丰富

书法课程包括学习常规习惯、书法工具和材料的认识、书法通识、名家介绍、书法欣赏、书法临摹、技法示范、书法创造和书法评价等内容，或独立成课，或交互于课堂的各个环节，使课堂教学不单调贫乏枯燥无味，保持书法学习的兴趣。

（三）"槐美（书法）课程"教学方法多样

丰富的教学方法，可以使书法课堂变得更加生动有趣，学习更投入，更快乐，更有趣。

1. 环境营造法：舒适的桌椅，适宜的工具，窗明几净，书韵浓厚。

2. 音乐调节法：课前在古典优美的音乐中静息等待，课中在柔和的背景音乐中愉快练习，静心凝神，沉浸式学习。

3. 时间节奏法：课堂上，不满堂讲，不满堂练，有效安排导讲练展评等各环节的时间，有节奏地变换形式和内容，避免学生疲惫厌倦，保证效率。

4. 观察联想法：书法学习中，对笔法和字法的理解，必须会观察，整体观察、联系观察、比较观察，灵活交替运用，才能达到"致广大而尽精微"。

5. 故事激励法：结合书法发展史上的小故事或传说，让学生在轻松愉快的氛围中，激发学生的兴趣，理解书法的文化，如王羲之的故事。

6. 角色扮演法：教师还可以组织书法小剧场，让学生扮演不同的角色，通过表演来加深对书法文化的理解。通过角色扮演，学生可以更直观地感受到书法家的精神风貌和创作情感等。

7. 媒体展示法：历代经典作品赏析，当代名家技法演示，特别是书法的意象美的感受，更需要借助多媒体的技术力量，使内容更丰富，技法更详尽，教学更直观，学习更深入。

8. 意象体验法："纵横可象，方得为书"，书法意象包罗万象，囊括天地，需要利用形象思维观察充满美感的宇宙形象，体会书法的美妙意象，如"点如高峰坠石""横如千里阵"……都需要借助生动的自然社会生活等形象帮助理解感悟。

四、多元互动评价，筑牢兴趣稳定点

学生对某一学科的兴趣，可以大幅提升其学习主动性和创造性。有了稳定的兴趣，才能持久地投入和细致地练习，取得创造性的成果。在教学实践中，利用多元评价，使学生得到鼓励和认同，建立自信，树立信心，稳固学习的动力和热情。

（一）鼓励引导式评价

教学要关注学生的个体差异，因材施教。针对学生书法学习习惯、态度、方法、技法等方面，对表现好的及时鼓励，口头表扬或发放小奖状、小礼品等。对存在的问题，提出个性化的指导和建议。同时把评价的权力交给学生，进行同桌互评、小组评议、集体评议，让学生在评价中交流学习，水平得到提高，并学会客观公正，看到他人优点。教师评价重引导，学生评价重借鉴。每一次评价，做到既鼓励又指导，让学生收获自信和进步。

（二）比赛参照式评价

由于中小学书法教学不举行期末考试或等级考试，学校自主不定期组织不同形式比赛活动，让学生在丰富的活动中积极参与自我评价。每期进行学生作业书写评比，每期班级举行书法比赛，学年定期举办校内书法主题比赛，并带领学生参加国家级、市级、区县级等不同级别的比赛，开阔眼界，展示才华，提升自我。

比赛不是目的，每次比赛都是学习提高的过程。不同层次的比赛活动，可以让学生了解自己书法学习的相对水平，而且，书法学习的氛围，需要各种形式和长时间的创设和维持，才能保证书法学习持久的兴趣。

（三）拓展学习式评价

书法的学习，不能闭门造车，除了勤学苦练，还要见多识广，开阔眼界，提高眼力，启智开悟。利用学校"臻美书画苑"学生优秀作品展、校园开放活动优秀书法作品展，认同学生的学习成果，鼓励学生的学习热情。课余时，安排学生参观博物馆或美术馆，与当地书法家合作，邀请他们来校现场示范和分享创作心得，让学生近距离欣赏大师之作，为学生提供更多的学习空间，让他们感受书法世界的博大精深，感悟书法艺术的魅力。同时，也让学生懂得学习不要故步自封，要不停地吸纳，努力求索，学无止境，激发他们学习书法的热情。

（四）社会实践式评价

学以致用，学用结合。书法学习过程，比较枯燥，为调动学生的学习积极性，提升书法学习兴趣，学校经常组织书法进社区活动。春节前，组织学生到政府广场写春联，送春联。为创建文明城市、卫生城市，专门组织学生书法主题展，向市民宣传创建活动的意义等。学生在活动中得到社区的赞扬，市民的点赞、社会的认可，也鼓舞着学生们在书法的道路上不断进取。

五、共育五美少年，赋能兴趣辐射点

在"臻美文化"指导下的"槐美课程"，以美育为抓手，以书画教育为核心，充分利用校园文化优势和雄厚师资力量，发挥美育教育的辐射力量，打通德智体美劳五育，让每个孩子都能成为"五美好少年"，从而形成自己的教育特色。

书法艺术是传统文化精华，热爱和传承传统文化，增强民族自豪感和责任感，增强文化自信，有品德高洁之美；书法艺术知识丰富，内涵宽博，是中华民族智慧结晶，有才智卓异之美；书法学习养成良好的坐姿习惯，头正身直脚放平，一寸一尺一拳头，保证身心健康；学习书法，就像走进美的殿堂，温婉流畅的篆书、绵延起伏的隶书、端正大气的楷书……令人赏心悦目，有陶冶情操的情趣雅致之美；书法爱好者每天伏案提笔，耕耘不辍，奋斗不止，有劳动创造之美。

我们要呵护好学生学习书法的兴趣，以书法教育为抓手，牵一发而动全身，把书法学习的热情、书法学习的良好品质、建立起来的自信和力量，逐渐辐射到学校教育全过程。用书法兴趣的源头活水，滋养最美槐花。

六、结语

每一个中国人都有传承中华文化的责任，为了让学生更好地接受和理解，我们要把外在的责任转化为内在的动力，让书法学习变得快乐，满足学生能表达自己、成为自己的需要。这就是我们把兴趣培养作为最重要的问题探讨的原因，希望能为书法教育同仁们提供一些参考和借鉴，让我们共同努力，让更多的孩子爱上书法艺术，让书法教育在新时代焕发出更加耀眼的光芒！

书法教育只是"一域"，"立德树人"才是"全局"。用习近平总书记的话来结语：既为一域增光，又为全局添彩。

传统书法艺术在小学现代书法课程中的传承与创新

—— 以"槐美课程"的书法教育课为例

◎ 刘伟　漆俊梅

书法作为中国传统文化的重要组成部分，承载着深厚的历史和文化内涵。它不只是一门艺术，更是一种修身养性的方式。目前教育部已经将书法教育纳入中小学教学体系，明确了书法教育的目标与内容，这为书法教育的普及和深化提供了政策支持[1]。如何在小学书法课程中传承书法艺术的精髓，同时融入现代元素以激发学生的兴趣与创造力，成为教育工作者面临的重要课题。本文以双槐树小学的"槐美课程"书法教育课为载体，分享学校教育者的思考与尝试。

一、传统书法艺术的精髓

书法艺术的精髓体现在其独特的艺术魅力上，更蕴含了深厚的文化传承与技艺传授的价值。

（一）文化传承

书法艺术源远流长，经过千年的发展，形成了独特的美学体系和文化内涵。小学书法教育不能只停留在书写技巧的教授上，更需要传递书法背后的文化意义。通过书法教育，学生可以学习到汉字的结构、笔画以及书写技巧[2]，可以了解古代文人墨客的风采，感受中华文化的博大精深。

（二）技艺传授

书法的技艺包括笔法、字法、章法等方面，这些都是书法艺术的核心。小学书法课程应注重对学生书写基本功的训练，通过临摹经典碑帖，让学生掌握基本的书写技巧，同时培养学生的耐心和细致，使其在书写中体会到书法的韵味和魅力。在书法学习过程中，学生需要静心书写，一笔一画地练习，这种过程对于现代孩子的耐心和专注力的培养有着积极的作用。

二、现代元素的融入

时代的发展推动小学书法课程不断创新与融合，也吸引了更多学生的兴趣与参与。在保持书法传统精髓的基础上，以下将根据"槐美课程"中的探索，具体介绍两种现代元素的融入方法。

（一）现代教学方法

在传承书法精髓的同时，小学书法课程应与时俱进，采用现代教学方法。教师合理使用动画、视频等现代手段，可以生动地讲解书法的历史和文化背景，增加课程的趣味性和吸引力。例如，通过在课堂上播放书法纪录片《千年书法》，学生可以看到书法名家的故事，了解他们的创作理念和技法。

（二）创意活动

为激发学生的兴趣和创造力，小学书法课程可以设计一些创意活动。例如，开展"成语书写接力"等游戏，或书法DIY等活动，让学生在轻松愉快的氛围中学习书法。书法创意活动的设计也可以结合节日、纪念日等特定主题，比如父亲节、母亲节、重阳节等，让学生在书写过程中感受到书法与生活的紧密联系。

三、理论与实践结合

在探讨书法教育的深刻内涵时，不得不强调理论与实践的紧密结合。正如建筑之基需稳固，书法的学习亦离不开理论与实践的相辅相成。

（一）理论教学

在小学书法课程中，理论教学是不可或缺的部分。教师应系统地教授书法的基本理论知识，包括书法的发展历史、主要流派、经典碑帖等。同时，通过讲解名家名作的欣赏方法，引导学生领悟书法的艺术之美和文化内涵。理论教学还可以通过课外阅读的形式进行，例如，教师推荐关于书法的书籍，让学生在课外阅读中加深对书法的理解。

（二）实践训练

实践训练是小学书法课程的重点。通过临摹经典碑帖，学生可以掌握基本的书写技巧，同时，教师应鼓励学生进行创作练习，在实际书写中不断提高书写水平。为了进一步提升学生对书法的兴趣，教师还可以设计一些有趣的书写任务，如写春联、制作书法贺卡等，让学生在实践中享受书法的乐趣。

四、案例分析

双槐树小学不仅在课堂中设立书法课程，还在本校的乡村少年宫中设立了书法兴趣小组，并开展了一系列书法创意活动。例如，学校在传承白沙抗战文化活动中书写抗战歌谣、楹联，将书法与本土文化充分结合起来。同时，学校还邀请书法名家举办讲座和进行示范，增加了课程的深度和广度。学校还带领学生参加市级、全国等各级各类大赛活动，许多学生在书法比赛中取得优异成绩，这是个人才华的展示，也是学校荣誉的争取。

五、实施策略建议

为了更好地将书法艺术的魅力传承给下一代，我们作为教育者，需要制定一套全面而具体的实施建议。这些建议将围绕教学内容、教学资源、师资团队、书法学习以及家校合作等方面展开。

（一）教学内容阶梯化

针对小学书法课程设计了系统化和层次化的教学内容，从基础的笔画、汉字结构到高级的作品创作，逐步引导学生深入学习书法艺术，避免产生"揠苗助长"和"一蹴而就"的思想。

（二）教学资源丰富化

学校积极引进和开发丰富的教学资源，包括经典碑帖、书法教学视频、书法练习软件等。此外，还与当地书法家协会、博物馆等机构合作，组织学生参观书法展览，聆听名家讲座，最大化利用周边的教学资源。

（三）师资成长专业化

书法教师的教学能力在一定程度上影响着学生的学习效果，学校注重书法教师团队的建设，鼓励书法教师参加专业培训和研讨会，学习他人的长处，例如鼓励教师参加艺术讲堂、艺术人才书法专业研修班学习等。通过参加各种书法比赛与展览获奖，部分教师先后加入重庆市书法家协会、重庆市青年书法家协会、重庆市硬笔书法家协会、重庆市书法教育研究会、重庆市江津区书法家协会等书法专业委员会。参加"清雅奖"第二届全国硬笔书法大赛、全国中小学教师书法作品展、重庆市中小师生才艺大赛、重庆市"传知杯"书法作品展览、重庆市职工书画摄影大赛等多个书法比赛和展览并获奖，以参加比赛和展览活动来不断提升自身的专业素养和教学水平。

（四）书法学习氛围化

学校可以通过营造浓厚的书法文化氛围，激发学生对书法的兴趣。例如，双槐树小学建立了"臻美书画苑"，并设置了专门的书法区，用于展示师生的书法作品。学校举办多次书画大赛，书法组次次都有出彩表现，校园内形成了良好的书法学习风气。

（五）家校合作常态化

家长在孩子的书法学习中也起着重要的作用。学校可以通过家长会、书法作品展示等活动，向家长宣传书法教育的重要性，争取家长的支持和参与。例如，双槐树小学在举办校内书画大赛或作品展览时，会开放校园，邀请家长到校参观，并组织家长与孩子参加市教委、区书协、区教委的才艺现场大赛、"华信杯""慈云杯"现场书法大赛等。这有助于坚定家长鼓励孩子学习书法的信心，更愿意在家中为孩子创造良好的书法练习环境。

六、结论

"槐美课程"的小学书法教育课程的实施，有助于双槐树小学学子传承中华优秀传统文化，培养他们的审美能力和综合素质。在传承书法艺术精髓的同时，融入现代元素，激发学生的兴趣与创造力，是提升书法教育效果的重要途径。通过理论与实践相结合，小学书法教育可以在传承中创新，在创新中发展，为学生的全面发展和文化传承作出贡献。

参考文献

[1] 翟佳. 传承书法艺术提高人文素养——小学书法教学初探 [J]. 小学时代, 2019, (19): 69–70.

[2] 尹秀坤. 以书法教育为载体弘扬中华优秀传统文化 [J]. 中国教育学刊, 2019, (S2): 59–60.

剪纸艺术融入小学教育的路径与成效研究

◎ 高昊　杨小燕

剪纸艺术是江津非物质文化遗产的珍贵代表，是对手工技艺的传承，也是对意向文化的传递。双槐树小学将剪纸艺术作为"臻美文化"的切入点，融入学校的"槐美课程"体系，可收到启迪心智、激发潜力、丰富联想、创造美好的教育效果，成为剪纸文化的瑰丽品牌。

一、剪纸艺术进校园的背景与意义

时代的进步和教育的发展，我们逐渐意识到传统文化在现代教育中的重要性。剪纸艺术作为传统文化的一种重要形式，进入校园具有深远的意义。

（一）传统文化在现代教育中的地位堪忧

习近平总书记指出我们应该加强文化遗产保护传承，弘扬中华优秀传统文化，所以在教育教学中适当融入传统文化，对于学生了解和认知传统文化，培养学生对中华文化的沉积，有着重要的影响。为了实现"德智体美劳全面发展"的教育目标，学校有必要根据当地实际情况及非遗文化优势，选择一些传统文化进入课程体系，扎实推进，坚持数年，必有收获。

（二）剪纸艺术作为"臻美文化"发展的推手

剪纸艺术在江津有深厚的根基，与双槐树小学同样深厚的"臻美文化"融合发展，将有天造地设、交相辉映的奇迹发生。由于剪纸艺术诞生于民间，心手相传，不需要系统而高深的知识支撑，随手而剪，随意而成，可以极大调动学生的参与积极性，极大提升他们的学习自信和人生自信。

（三）社会各界的合力推动

近年来，国家高度重视剪纸艺术的传承与发展，江津区作为教育先行者，积极响应号召，加入保护传统文化阵列中来，以政府为牵头，结合学校、社会团体，开设兴趣小组和工作坊，邀请非遗传承人授课或专题讲座，举办剪纸艺术作品展等形式合力推动剪纸文化发展。活动开展的同时，邀请家长的参与，从而形成校内校外、线上线下的合力助推，让学校的教育教学达到"家长满意、政府满意、社会满意"的最佳效果。

二、剪纸艺术教育的实践路径

无论是何种教育，都要注重教育的循序渐进和学生的个性化需求。接下来我们以双槐树小学为践行"槐美课程"美育目的而成立的剪纸兴趣小组为例，浅谈剪纸艺术教育的实践路径。

（一）剪纸兴趣小组的成立与组织

双槐树小学通过成立剪纸兴趣小组，开展了一系列剪纸艺术教育活动。每周四下午，小组成员在教师的指导下学习剪纸技艺，从基础的剪纸练习到复杂的剪影制作，学生在活动中不断提高剪纸技能。

（二）教学内容与方法的创新

在剪纸艺术教学初级阶段，应该对基础的手法进行把控，造型和情感表达应该放到其次。如对剪刀、刻刀的使用，对折叠、镂空技艺的把握。在适当的时候，教师还应该通过示范和指导，帮助学生逐步提高剪纸技艺。

在剪纸艺术教学提高阶段，学生往往对剪纸技艺方面不存在问题，对折、剪、刻，已经能熟练运用，但怎样将所学技艺应用于实际创作，让作品更加出彩有趣，反而更加考验动手力和创造力。此时就可以将传统美术和现代工艺相结合，如剪纸扇面、剪纸画框等。

三、剪纸艺术教育的实施策略

剪纸艺术，有其独特的魅力与深厚的文化底蕴，值得我们深入探究与传承。以下内容是笔者详细阐述剪纸艺术教育在双槐树小学"槐美课程"中的实施策略，以期更好地推广和传承这一传统艺术。

（一）融入学校课程体系

为了更好地推广剪纸艺术教育，学校将剪纸艺术纳入小学美术课程中，作为教学内容的一部分[1]，学生能够在日常学习中接触和掌握这项传统技艺。

（二）教师培训与专业发展

剪纸艺术教育的顺利开展离不开专业教师的指导。因此，学校须定期组织教师参加剪纸艺术的培训，通过专业培训和实践指导，教师能够更好地引导学生发现和欣赏剪纸艺术的独特魅力和深远价值[2]。

（三）家校社区的合作与支持

家长和社区的支持也是剪纸艺术教育成功的关键。学校通过家长会和社区活动，向家长和社区宣传剪纸艺术的重要性，并邀请他们参与到剪纸教育活动中来，从而形成家校共育的良好氛围。

四、剪纸艺术教育的实际成效

通过一系列剪纸艺术教育，学生取得了显著的成效，主要体现在以下几个方面。

（一）学生剪纸技能的提升

通过系统的剪纸教育，学生的剪纸技能得到了显著的提升。他们逐渐能独立完成一些简单的剪纸作品，还能创作出具有一定复杂度和艺术性的作品。

（二）学生审美能力与创造力的培养

剪纸艺术教育在提升学生动手能力的同时，也大大培养了他们的审美能力和创造力。学生通过剪纸创作，学会了如何运用不同的线条和形状来表达美感，从而提高了他们的艺术修养。

（三）学生对传统文化的认识与认同

剪纸艺术作为一种传统文化的载体，通过教育活动，学生对中华传统文化有了更深的了解和认同。在创作过程中，他们了解了剪纸的技艺，还感受到了其中蕴含的文化意义。

五、面临的挑战与问题

在"槐美课程"的实践过程中，作为教育者，我们发现剪纸艺术教育正面临着一大挑战：如何将传统技艺与现代教育有效融合。

传统文化往往饱含着深厚的文化底蕴，就如剪纸艺术，我们需要学会将图稿的创作和手工相结合，这对脑力体力都是一项考验。要展现优秀作品往往需要大量时间，但现代教育倾向于科学和技术的教学，如何平衡科学教育与传统技艺这两个方面，就对课程设置和教学方法提出了更高的要求。因此，我们可以因地制宜，结合社会、学校现有资源，在有限的时间内，高效地开展剪纸教育，让学生在掌握好基础科学学科的同时，也能传承传统文化，这需要更多的教育工作者共同探讨和努力。

六、剪纸艺术教育的未来发展

剪纸艺术的推广，不应该只停留在技艺传授这一点上，还应该坚持对其内在含义的发掘和持续创新，同时将其与现代教育相结合，才能让更多的人参与进来，共同推进剪纸艺术的发展。随着国家对传统文化的重视，人们开始重视对精神文化的追求，相信传承优秀文化对培养全面发展的新时代好青年会有着越来越深刻的影响。

参考文献

[1] 叶松锲 . 浅谈剪纸艺术与小学美术教学的有效结合 [J] . 课程教育研究，2019, (06): 190–191.

[2] 陈甜甜 . 小学美术课中剪纸艺术教学的研究与策略 [J] . 华夏教师，2023, (27): 82–84.

"绘"就美好未来：
校园艺术教育活动的启示

◎ 龚艳　黄忠英

艺术教育在校园中扮演着至关重要的角色，如同一股涓涓清流，为学生带来了无尽的想象和创造的乐趣。双槐树小学的历届校园书画大赛活动，便是这样一种充满艺术气息的教育实践，对培养学生的文化素养、艺术审美能力和开拓创新的精神具有重要意义，为我们揭示了艺术教育如何塑造未来教育模式的宝贵启示。

一、书法与绘画：艺术教育的双翼

书法与绘画，以其独特的魅力吸引着无数人的目光。通过多元化的艺术教育形式和活动内容，可以促进学生的创造精神和实践能力[1]。在双槐树小学的书画大赛中，学生在创作过程中感受到了传统文化的厚重与魅力。

（一）书法：笔尖上的文化自信

书法，是汉字的书写艺术，它蕴含着丰富的文化内涵和历史底蕴，通过书法教育，学生可以学习到中华民族独特的文化珍宝。学校已举办多届校内现场书画大赛，以"墨润童年 笔绘童心""翰墨书党恩 丹青绘祖国"等为主题的书画比赛中，书法组的学生软笔、硬笔兼备，通过临摹经典诗词、碑刻等作品，在字里行间体味中华文化的韵味。在比赛中，学生能深刻地理解汉字的构造和内涵，更深刻地体会汉字的历史背景故事。

（二）绘画：色彩中的审美情趣

绘画以其直观、生动的表现形式，激发了学生的审美情趣和创造力。在书画大赛的绘画组，学生通过国画、素描、水粉画等多种绘画形式，用笔触和色彩描绘出了一幅幅充满童趣和想象力的灵动作品，展现了他们对生活的热爱和对美的向往，同时校园绘画比赛、展览等活动，还为学生提供了一个展示自我和交流学习的平台，通过积极参与和勇于展示，提升学生的自信心，让他们在准备和参与的过程中不断探索自己的艺术道路，培养创新精神和实践能力。

二、艺术教育与文化自信的培养

艺术教育是培养学生文化自信的重要途径。这种文化自信体现在对传统文化的热爱和传承上，亦体现在对多元文化的包容和尊重上。

（一）传统文化的现代传承

在全球化的背景下，传统文化的传承与发展面临着诸多挑战。然而，校园艺术教育活动为我们提供了传承传统文化的新途径。通过书画大赛等活动，学生能够亲身参与传统文化的学习和实践，从而更深刻地理解和认同传统文化。同时，他们也能够在创作中融入现代元素，实现传统文化的创新发展。

（二）多元文化的交流与融合

艺术教育为学生提供了一个学习和传承传统文化的平台，也为他们提供了一个了解和接触多元文化的机会。在艺术创作中，学生可以接触到不同文化背景下的艺术形式和思想观念，更深入地了解不同文化的独特魅力。他们可以从不同的艺术作品中汲取灵感和营养，丰富自己的艺术语言和表现方式。这种跨文化的交流和融合，帮助培养学生的跨文化交际能力，有助于他们形成开放、包容的心态和宽广的胸怀。

三、艺术教育对未来教育模式的启示

双槐树小学的书画大赛活动展示了艺术教育在培养学生文化自信方面的重要作用，还为我们提供了对未来教育模式的有益启示。

（一）个性化教育的探索

艺术教育强调个性化创作和表达，这为个性化教育提供了实践的范例。在未来的教育模式中，我们应更加注重学生个性的培养和发展，尊重每个学生的个性特点、兴趣爱好和潜能，鼓励他们在艺术创作中表达自我、展现个性。同时还应提供更加多元化、个性化的教育资源和学习环境，以满足不同学生的需求和兴趣。

（二）跨学科学习的推广

艺术教育往往涉及多个学科领域的知识和技能，如历史、文学、美学等。这种跨学科的学习方式有助于培养学生的综合素养和创新能力。接受艺术教育的学生更应该尽早接触不同艺术门类的共通共融，才能更好地激发创作思维，提升审美层次[2]。在未来的教育模式中，教育者应积极推广跨学科学习的方式和方法，鼓励学生将不同学科的知识和技能进行融合和创新，以促进学生综合素养的提升，培养其创新能力。

（三）技术与艺术的结合

科技的发展创新，让艺术创作的形式和手段不断更新和变化。在未来的教育模式中，要进一步探索技术与艺术的结合方式和方法，利用科技手段为艺术创作提供更加便捷、高效的工具和平台。例如，利用数字媒体技术进行艺术创作和展示，利用虚拟现实技术进行艺术体验和互动等。这种技术与艺术的结合方式，提高了艺术创作的效率和质量，也拓展了艺术创作的领域和范围。

四、结语

艺术教育是学校实施美育的重要内容和途径，是素质教育的不可缺少的有机组成部分[3]。通过举办书画大赛等活动，用独特的艺术形式和丰富的内涵向师生展示艺术教育的魅力和价值。它让教育者深刻认识到艺术教育在培养学生文化自信和审美情趣方面的重要作用，以及它对未来教育模式的启示意义。在艺术教育的滋养下，期待学生都能与美相遇，"绘"就一个更加美好的未来！

参考文献

[1] 刘晓红 . 学校艺术教育理念的发展及价值 [J]. 教育与职业 , 2011, (35): 103–105.

[2] 杨丽琦 . 艺术与其他学科交叉渗透教学的研究与实践 [J] . 传播力研究 , 2019, 3(29).

[3] 李玲 . 浅谈艺术教育与校园美育 [J] . 北方音乐 ,2013, (12): 115+117.

现场创作比赛在小学生
综合素养培养中的实践意义
—— 以双槐树小学现场书画大赛为例

◎ 周小平　刘勤

素质教育作为当代教育改革的核心理念，注重学生的全面发展，包括知识、能力、情感和价值观的培养。书画艺术作为一种特殊的教育形式，能够在潜移默化中培养他们的审美能力和人文素养。

一、书画艺术在学生综合素质培养中的重要地位

书画艺术在培养学生综合素质方面具有独特的优势。首先，书画艺术能够培养学生的审美能力和艺术修养。通过书画创作，学生可以感受到美的存在，并逐渐形成良好的审美观。其次，书画艺术有助于提升学生的专注力和耐心。在创作过程中，学生需要专注于每一个细节，这对培养他们的专注力和耐心大有裨益。此外，书画艺术还能够增强学生的文化自信和爱国情怀。通过对传统文化的学习和传承，学生能够更加深入地了解和热爱自己的文化，增强文化自信。

二、现场书画大赛的实例分析

本文通过双槐树小学现场书画大赛的实例，探讨现场创作比赛在小学生综合素养培养中的实践意义。

（一）比赛背景与组织

为进一步营造校园文化艺术氛围，培养学生健康的审美情趣和良好的艺术修养，激发学生对祖国灿烂文化和语言文字的热爱，双槐树小学组织了一次现场书画大赛。此次比赛涵盖了一至六年级的学生，包括硬笔书法、软笔书法和绘画三个项目，旨在让每个年级的学生都能有机会展示自己的才艺。

（二）比赛形式与内容

比赛采取现场创作的形式，强调即时发挥和创作的独特性。一、二年级的学生进行硬笔书法比赛，而三至六年级的学生参与硬笔和软笔书法比赛。绘画组则以"绘美好明天"为主题，要求学生通过绘画表达他们对生活的美好愿景和丰富的想象力。

（三）比赛过程与结果

比赛当天，阳光明媚，校园内布置得如同一个大型的艺术创作现场。学生带着各自的书画工具，满怀激情地投入创作。书法比赛中，参赛学生握笔正确，坐姿端正，专注地书写每一个笔画和汉字。作品笔画流畅，结构匀称，整体美观，展现出良好的书写习惯和扎实的基本功。

在绘画比赛区域，学生围绕主题，用色彩斑斓的画笔描绘出他们心中的美好世界。比赛现场井然有序，学生全神贯注创作，展现了极高的专注力和艺术天赋。参赛作品各具特色，充满了创意和童趣，表达了孩子们对生活的热爱和对未来的憧憬。

这次活动，为学生提供了展示书法和绘画艺术的平台，有力地促进了学生规范书写意识的养成和艺术特长的发挥。这次比赛让学生感受到艺术创作的乐趣，同时也培养了他们的审美能力和人文素养。

三、现场书画比赛对学生成长的影响

现场书画比赛作为一个综合性的艺术活动，能够激发学生的创造力和想象力，为他们提供一个展示自我、表达自我的平台[1]。接下来，笔者将从艺术技能和人文素养两个方面，详细探讨其对学生成长的具体影响。

（一）提升艺术技能

通过现场书画比赛，学生在实际操作中提升了书法和绘画技能。硬笔和软笔书法比赛让学生练习了汉字的书写，培养了他们的字体美感和规范书写的意识。绘画比赛则鼓励学生大胆创作，提升了他们的色彩运用和构图能力。

（二）培养人文素养

书画艺术不仅仅是技术的展示，更是人文素养的体现。通过绘画创作，学生能够感受到传统文化的魅力；在书法比赛中，学生感受到经典诗词的磅礴力量。在整场比赛中，学生通过创作表达对美好生活的向往和对未来的憧憬，这种情感的抒发与表达，无形中加深了他们对人文精神的领悟与尊重。

（三）促进综合素质发展

现场书画比赛不仅提高了学生的艺术修养，还促进了他们的综合素质发展。在比赛过程中，学生需要专注于创作，培养了他们的专注力和耐心。在比赛结束后，学生能够互相交流和学习彼此的作品，共同进步，学会欣赏他人的优点和长处。

四、结论

现场书画比赛作为一种特殊的教育形式，在小学生综合素养培养中具有重要意义。通过参与现场创作比赛，学生能够在实际操作中学习和应用知识，从而提高他们的动手能力和解决问题的能力[2]。以双槐树小学的现场书画大赛为例，我们可以看到，书画艺术能够有效地促进学生的全面发展，激发他们的创造力和想象力。期待更多的学校能够探索出更多类似书画比赛的活动方式，让书画艺术在素质教育中发挥更大的作用。

参考文献

[1] 李小艳 . 让学生在美术活动中感受美、发现美、创造美 [J] . 现代特殊教育 , 2002.

[2] 李秋妍 . 小学综合实践活动中学生动手能力的培养 [J] . 新课程 , 2021, (10): 18.

从书画大赛到心灵塑造：
美育在儿童成长中的角色

◎ 胡林涛

在儿童的成长历程中，美育的影响深远而广泛。它不仅仅局限于艺术技能的传授，更是儿童心灵培育、人格塑造的关键环节。为更好地实践学校的特色美育课程——"槐美课程"，为学生提供一个展示自我、表达情感的平台，双槐树小学举办了多场校园书画大赛，以其独特的教育模式和深入的教育理念，揭示了美育在促进儿童情感发展、个性塑造及社会价值观形成中的重要作用。本文将从其中一场书画大赛的教育实践出发，深入剖析其对儿童心灵成长的深远影响，并探讨美育活动在儿童全面发展中的独特价值。

一、书画大赛：艺术创作与心灵对话的桥梁

作为教育体系中的重要组成部分，良好的美术教育能够使儿童具有更好的创造力和适应能力[1]。而双槐树小学的现场书画大赛，无疑是将美育理念与儿童心灵成长紧密结合的典范。通过这一活动，儿童得以在艺术的海洋中畅游，探索自我、表达情感，进而实现心灵的成长与升华。

（一）硬笔与软笔：书写的艺术与性格的磨砺

在以"墨润童年"为主题的书法比赛中，学生从一年级的硬笔书写开始，逐渐深入到六年级的软笔书法。在每一次的书写中，学生都全身心投入，笔墨间流露出他们的专注与热爱。硬笔书写要求他们严谨规范，一笔一画都不能马虎，这锻炼了他们的耐心与细心；而软笔书法则给予他们更多自由发挥的空间，让他们在挥洒自如中表达内心的情感与想象。

（二）绘画创作：色彩斑斓的情感表达

绘画比赛以"笔绘童心"为主题，为学生提供了一个尽情发挥想象力的舞台。在这个充满创意与激情的赛场上，他们用画笔在画纸上描绘出自己对

未来的无限憧憬与梦想。在色彩的碰撞与线条的交织中，家庭的温馨、自然的美丽以及科幻的奇幻场景纷纷跃然纸上，每一幅作品都如同一个色彩斑斓的梦境，充满了真挚的情感与独特的视角。这场绘画比赛既锻炼了学生的绘画技能，也让他们学会了用画笔去表达内心的情感与想法。

二、心灵塑造：美育活动的深层价值

双槐树小学的现场书画大赛是一次艺术比赛，更是一次心灵的洗礼与塑造。通过这一过程，儿童在艺术创作中实现了自我表达与情感宣泄，同时也在艺术的熏陶下实现了心灵的成长与升华。

（一）情感发展的催化剂

在艺术创作的广阔天地里，儿童被赋予了无限的想象与创造空间。他们用心感受每一笔、每一画的韵律，体验着色彩与线条的交织，用稚嫩而真挚的手表达内心的世界。这样的过程推动了儿童情感的逐渐成熟与稳定，成为他们认识自我、理解他人的一扇窗户。通过参与书画大赛，他们沉浸在艺术的海洋中，找寻情感的归宿与寄托，让心灵得到滋养与升华。

（二）个性塑造的沃土

每个孩子都是世界上独一无二的宝藏，他们携带着各自的梦想和热情，勇敢地追寻着属于自己的艺术之路。在书画大赛这一盛大的舞台上，学生得以将内心的世界和独特的视角以书画的形式展现出来。他们用笔触和色彩描绘出对美的独特理解，用创新的思维和无尽的想象力去创造属于自己的艺术世界。

在这个过程中，学生锻炼了自己的个性特质和创新能力，在与他人的交流中汲取了灵感，收获了成长。他们的作品在比赛中互相碰撞、交融，激发出更多的艺术火花，同时，他们也学会了欣赏和尊重他人的作品，培养了宽容和包容的心态。书画大赛不仅是一个展示才华的舞台，更是一个锻炼个性、塑造风格、获得成长的平台。

（三）社会价值观的内化

书画大赛以"美好"为核心主题，为学生提供了一个独特且富有意义的创作平台。这一主题引导他们欣赏美、感悟美、创造美，整个创作过程中传递着爱国爱党、积极向上的社会价值观。

在挥毫泼墨、描摹勾勒的每一刻，学生学会了用艺术的眼光去观察世界，去体验生活中的每一个细微之处。他们通过手中的画笔，捕捉那些让他们心动的瞬间，表达对和谐社会的向往、对自然环境的热爱、对人间真情的赞美。这些作品是一种艺术的呈现形式，也是他们心灵深处的真实写照。

总之，学生在创作的过程中，不断地探索、发现、塑造和传播着美好的社会价值观。这些美好的社会价值观不但能丰富他们的内心世界，还能成为他们日后行为准则的指引。

三、结论

美育作为一种审美教育，能够引导儿童感受美、欣赏美和创造美[2]。双槐树小学现场书画大赛的实践，充分展示了美育在儿童心灵成长中的重要作用与独特价值。通过这一活动，我们深刻认识到美育不仅仅是艺术技能的传授与培养，更是儿童情感发展、个性塑造及社会价值观形成的关键环节。

接下来，教育者应当进一步重视并加强美育教育在儿童成长中的作用，充分发挥其在儿童全面发展中的独特价值，让儿童在艺术的熏陶下，实现心灵的成长与升华，成为情感丰富、个性鲜明、价值观正向的社会栋梁。同时，我们也期待更多的学校和教育机构，能够将美育教育融入日常教学中，让每一个儿童都能感知艺术，实现自我价值与心灵成长。

参考文献

[1] 张迪. 以儿童自我经验为基础的儿童美术教育 [J]. 湖北科技学院学报, 2015, 35(10): 159-161.

[2] 何如意. 美育在青少年成长中的价值及培养机制 [J]. 美术教育研究, 2020, (11): 136-137.

以赛促学，以艺养德

—— 校园书画比赛在素质教育中的应用策略

◎ 代英

在快速发展的 21 世纪，教育不再仅仅局限于知识的传授，而是更加注重学生综合素质的培养。学校艺术教育是素质教育的重要组成部分，其根本目的是培养学生的艺术心灵和人格，培养和发展丰富的想象力、感受力、创造力等[1]。本文将以"学校艺术教育""校园书画比赛"与"素质教育"为核心，以双槐树小学举办的书画比赛为例，探讨校园书画比赛在素质教育中的具体作用及其应用策略，以期为学校教育提供实践指导。

一、校园书画比赛实施准备

为了传承中华民族优秀文化的主动性和责任感，培养学生全面健康发展，让美育教育渗透到孩子们的日常学习生活当中，努力创建"德·能"教育品牌特色，双槐树小学每年举办现场书画大赛、手抄报比赛等。结合本校在书画大赛实际操作中的经验，若要更好地发挥书画比赛在素质教育中的作用，建议从以下几个方面着手制定有效的应用策略。

（一）激发学生兴趣：多样化的活动主题

兴趣是最好的老师，为了吸引更多的学生积极参与书画比赛，作为组织者需要不断创新活动形式，丰富比赛内容。例如，本校设立不同主题的书画比赛，如"墨润童年 笔绘童心""翰墨书党恩 丹青绘祖国""绘美好明天"等，分为书法组和绘画组，现场创作、现场评比，让学生在亲身参与中提升创作技能，激发学生的创作兴趣，实现美育的教学目的。

（二）提高教师专业素养：加强能力培训

教师在书画比赛中的作用至关重要，他们既是学生的指导者又是比赛的组织者。因此，提高教师的专业素养是提升书画比赛质量的关键。著名画家陈可之作为双槐树小学校友，率领一批批书画名家深度参与学校书画教育，引领学校书画良好发展，学校先后被评为全国十佳书画教育名校、重庆市文明校园、江津区绘画特色学校。此间，邹开均的山鸟画、刘伟的小楷、高昊的剪纸、刁德波的书法、李佳遥的线描动漫、熊强的书画、肖潇的楷书，各领风骚。

学校通过加强书画教师的专业能力培训，借助内部"以老带新"、外部"友好交流"等多种方式结合，帮助教师掌握更先进的书画教学理念和教学方法。同时，还建立教师交流平台，鼓励教师之间互相学习、共同进步。

（三）整合教育资源：拓宽学习平台

书画比赛不仅仅是个人才艺的展示，更是团队协作和资源共享的体现。为了让学生获得更广阔的发展空间和学习资源，学校应充分利用校内外资源，积极寻求与当地美术馆、博物馆、艺术团体等机构的合作机会。如双槐树小学在社团活动中，组织学生参观白沙中等师范教育历史陈列馆（中师陈列馆）优秀校友书画作品，让学生积极参与评价、模仿、创作等环节，落实活动目的，拓宽学生的视野和知识面。

二、校园书画比赛组织与实施策略

学校、教师和学生都是成功举办一场校园书画比赛的关键因素，从这三个层面可以对校园书画比赛的组织与实施策略进行深入探讨。

（一）学校层面

学校必须在这个过程中起到引领和推动的作用，明确书画比赛在素质教育中的重要地位，将其纳入学校整体教育规划，并制定相应的政策和措施，确保比赛的顺利进行。

1. 制订详细的比赛计划和流程

学校应提前制订详细的比赛计划和流程，明确比赛的目标、主题、时间、地点、参与对象及评奖标准，确保比赛的公平性和有效性。在制订计划时，可以考虑分阶段、分年级进行，以逐步提高比赛的竞争性和参与度。

2. 加强宣传动员

为了提高师生对比赛的关注度和参与度，学校应通过多种渠道进行广泛宣传。例如，利用校园广播定期播报比赛进展，在校园内张贴少先队大队部制作的精美海报，在微信公众号上发布比赛信息和精彩回顾等。这可以进一步激发学生的兴趣，还能让更多的家长和社区成员了解并支持这项活动。

3. 提供必要的支持和保障

必要的支持和保障包括提供合适的场地和设备、充足的资金以及专业的指导老师。这些支持措施可以确保比赛的顺利进行，并提升参赛作品的质量和水平。学校邀请聚奎中学、白沙中学、重庆工商学校等邻近学校的专业书画教师担任评委，增加比赛的权威性和公正性。

（二）教师层面

深入了解学生需求、注重过程评价以及加强家校沟通，都是教师在指导校园书画比赛中的关键策略。

1. 深入了解学生需求

作为指导者，教师应深入了解学生的兴趣和特长，根据学生的实际提供个性化的指导，确保每个学生能在比赛中充分发挥潜力。通过在美术课、书法课、学校少年宫活动中观察和交流，教师可以了解学生在书画方面的优势和需要提高的地方，从而制订有针对性的辅导计划，帮助学生提升创作水平。

2. 注重过程评价

在比赛过程中，教师应注重对学生创作过程的评价和鼓励。通过定期的点评和反馈，教师可以让学生清晰地看到自己的进步，并树立信心。这样的过程评价可以激发学生的创作热情，还能帮助他们发现问题和解决问题，逐步提高其作品的质量。

3. 加强家校沟通

教师还应积极与家长沟通联系，共同关注学生的学习和成长情况。通过家长会、电话交流或家访等形式，教师可以向家长汇报学生在书画比赛中的表现和进步，并听取家长的意见和建议，让家长关注孩子在这一方面的特长，着重培养。对于孩子的成长而言，家庭教育和学校教育都是非常重要的影响因素，只有这两种力量结合起来，孩子才能够获得更高质量的教育[2]。

（三）学生层面

除了外界力量的带动，从学生自身层面出发，也需要他们发挥主观能动性和创造力，积极参与到校园书画比赛中来。

1. 积极参与比赛

鼓励学生根据自己的兴趣和特长选择参赛项目，积极参与比赛过程中的各个环节，充分发挥他们的潜力。在选择参赛项目时，学生可以根据自己的兴趣爱好和特长领域进行选择，从而激发他们的创作热情和参与积极性。在比赛过程中，教师应注重培养学生的自主学习和探索能力，鼓励他们独立思考，寻找解决问题的方法，让他们在探索和实践中不断提升自己。

2. 注重团队协作

在集体创作或小组合作中，教师应特别强调团队协作的重要性，通过分工合作、互相支持，让学生在共同完成任务的过程中学会沟通、协作和分享。这样的团队合作有助于提升作品的质量，增强学生的合作意识和团队精神，帮助他们在未来的学习和工作中更好地与他人协作。

三、结论

学校艺术教育最根本的目的是培养教育对象的艺术心灵和人格，培养和发展丰富的想象力、感受力、创造力等。校园书画比赛作为学校艺术教育的重要举措之一，素质教育的重要组成部分，对于促进学生的全面发展具有不可估量的价值。双槐树小学举办一场又一场书画大赛，是对学校特色美育课程"槐美课程"的积极响应，通过在过程中合理的策略和有效的实施，我们充分发挥了书画比赛在激发学生创造力、提升审美能力、培养道德情操等方面的独特作用。同为教育者，我们期待更多的学校能够认识到书画比赛这类美育活动的重要性，并将其作为提升学生综合素质的重要手段之一，让我们为培养更多具有创新精神和实践能力的高素质人才而不懈努力！

参考文献

[1] 赵莉 . 论学校艺术教育在素质教育中的地位与作用及实施的研究 [J] . 科教文汇（下旬刊），2013, (09): 141-142.

[2] 潘芳 . 家校配合，共育良才——浅谈家校合力教育 [J] . 课程教育研究，2019, (01): 170.

正面激励：
"槐美课程"中的积极评价体系

◎ 唐军　詹华胜

在教育的浩瀚星空中，传统的学生评价体系犹如一盏旧时的灯塔，虽指引方向，却光芒有限，过分聚焦于分数与排名的漩涡，忽略了学生心灵深处那片渴望多元绽放的海洋。而今，随着教育理念的碧波荡漾，一股清新之风——"正面鼓励评价体系"在双槐树小学的"槐美课程"中悄然兴起，它不仅重新定义了评价的意义，更以温暖的光芒照亮了学生成长的道路。

一、理论基础：正面心理学的璀璨光芒

正面鼓励评价体系背后的理论基础，为教育者提供了坚实的学术支撑，为其实践运用正面鼓励评价体系提供了指导。

（一）正面心理学的温柔拥抱

正面心理学，这门探索人类幸福与积极品质的科学，为正面鼓励评价体系提供了坚实的理论基石。它倡导以积极情感为舟，以投入、关系、意义和成就为帆，引领学生在成长的航程中乘风破浪。在双槐树小学的日常教学中，教师会密切关注学生的情绪变化，当发现学生在学习过程中表现出积极情感时，如对某个知识点充满好奇、在小组讨论中积极发言等，教师会及时给予肯定和鼓励。这种做法不仅让学生感受到自己的价值被认可，还能进一步激发他们对学习的热爱。

（二）多元化评价的广阔天地

现代教育评价强调多元化和个性化，如同一幅多彩的画卷，摒弃了单一成绩的束缚，转而拥抱学生品德、能力、兴趣和态度的全面绽放。在"槐美课程"中，这种多元化的评价体系如同一束光，照亮了学生不同的闪光点，让每一个独特的灵魂都能找到属于自己的舞台，展现最真实、最动人的自我。

以双槐树小学的一次美术作品展览为例，教师在评价学生的作品时，不

仅会考量作品的绘画技巧，还会关注学生在创作过程中所展现出的想象力、创造力以及对色彩的敏感度等。对于那些在绘画技巧上稍有不足，但在创意方面表现突出的学生，教师同样会给予高度的赞扬和鼓励，让学生明白自己的独特之处和优势所在。

二、"槐美课程"正面鼓励评价体系的实践

在"槐美课程"中构建起正面鼓励评价体系，可以为后续的评价方法创新和实践提供指导，确保评价体系的公平、透明和一致性，同时充分考虑学生的个体差异，尊重他们的兴趣和特长。

（一）设计原则：公平、透明与个性的交响乐章

"槐美课程"的正面鼓励评价体系，如同一首精心编排的交响乐，公平、透明是其坚实的节奏，而个性化则是那跳跃的音符。评价体系的设计，旨在为学生创造一个公正、和谐的成长环境，让每个学生都能在适合自己的旋律中翩翩起舞。

在双槐树小学的音乐课程中，对于那些具有音乐天赋、擅长唱歌或演奏乐器的学生，教师会根据他们的特长制定个性化的评价标准，鼓励他们在音乐领域不断深入探索和发展；对于那些对音乐不太敏感的学生，教师则会更加注重他们在音乐欣赏和感受方面的表现，并给予他们相应的鼓励和肯定。

（二）创新方法：互动与参与的奇妙之旅

在这片创新的沃土上，同伴评价和自我评价如同两股清泉，为评价体系注入了新的活力。例如在双槐树小学的体育课程中，教师会组织学生进行小组竞赛，让学生在竞赛过程中互相评价彼此的表现。通过这种方式，学生不仅能够更加客观地认识自己的优势和不足，还能学会欣赏他人的优点，增强团队合作意识。同时，教师也会在竞赛结束后及时给予学生反馈，指出他们在比赛中的亮点和需要改进的地方，鼓励他们在下次比赛中取得更好成绩。

三、具体做法与典型案例

在实际的教学过程中，作为教育者会发现，正面鼓励不仅仅是一种教学技巧，更是一种教育理念。它旨在通过积极的评价和反馈，激发学生的学习兴趣，提升他们的自信心和自主学习能力。

（一）课堂实践的温暖瞬间

在"槐美课程"的课堂里，教师口头表扬、星星贴纸、积分制度等多样化的方式，为学生的学习之旅添上了一抹亮丽的色彩。

例如，双槐树小学的数学教师詹华胜在课堂上设立了"勇敢提问奖"，鼓励学生积极提问。有一次，平时比较内向的学生小周鼓起勇气提出了一个很有深度的问题，教师立刻给予高度的评价，并在全班同学面前表扬这位学生的勇敢和善于思考。从那以后，这位学生变得更加自信，提问的积极性也大大提高，同时也带动了班上其他同学积极参与课堂提问。

（二）评价反馈的艺术展现

在评价反馈的舞台上，教师以匠心独运的笔触，书写着激励与关爱的篇章。为了充分发挥激励性评价的积极作用，教师需要树立正确的评价理念，注重评价方式的多样化和针对性，同时把握激励性评价的"时"和"度"，追求评价的情感性与艺术化[1]。

例如，语文教师古小英在批改作文时，不只是指出学生的书写或语法错误，还会认真批注出语句改进的小建议，并且附上鼓励的话语。有一位学生在作文中表达了自己对未来的迷茫，语文教师在批改时不仅指出了作文中的问题，还写下了一段温暖的话："你的文字充满了思考，这是非常宝贵的。不要迷茫，勇敢地去探索，老师相信你一定能找到属于自己的方向。"这位学生看到教师的评语后，深受鼓舞，对写作也充满了信心。

四、成效分析：自信与动力的双翼齐飞

在"槐美课程"构建与实施正面鼓励评价体系的过程中，教师不难发现其对学生成长的多方面积极影响。具体从以下两个关键方面切入。

（一）自信心的璀璨绽放

在正面鼓励的滋养下，学生开始更加自信地面对挑战、展现自我，在书画大赛、科学实验等活动中大放异彩。

在双槐树小学的校内书画大赛中，教师在赛前对每位参赛学生进行鼓励，让他们相信自己的能力。在赛后，教师对获奖和未获奖的作品都进行了详细的点评和鼓励。对于获奖的学生，教师会赞扬他们的创意和技巧，同时鼓励他们继续保持；对于未获奖的学生，教师会指出他们作品中的亮点，如色彩

搭配、构图等方面的优点，让他们明白自己的努力并没有被忽视。通过这样的方式，学生都更愿意展现自我，积极参与各种活动。

（二）学习动力的强劲引擎

鼓励性评价激发了学生内心深处的学习动力，他们开始积极主动地参与学习活动，享受探索知识的乐趣。

在科学实验课上，教师通过分组合作和竞赛的方式，让学生在实践中体验成功的喜悦。在一个关于电路连接的实验中，一个小组的学生经过多次尝试终于成功让灯泡亮了起来。教师立刻表扬了他们的坚持和努力，并鼓励其他小组向他们学习。这种及时的鼓励让学生感受到了成功的喜悦，也激发了他们对科学的浓厚兴趣和学习动力。

五、问题与挑战：持续优化之旅

在"槐美课程"实施正面鼓励评价体系的过程中，会遇到一些困难和挑战。例如，教师在转变评价理念和方法时，可能需要一定的培训和适应时间；在具体实施过程中可能会出现评价语言空泛化、评价过程僵化等问题[2]。针对这些问题，学校可以通过开展培训、宣传和交流活动，帮助教师逐步适应和认可。学校可以组织教师参加关于正面鼓励评价体系的培训课程，邀请专家举办讲座或进行教学指导，让教师深入了解这种评价体系的理念和方法。同时，学校还可以通过举办经验交流会、分享会等活动，让教师互相学习，共同进步。

学校和教师都要认识到，评价体系的持续优化是一个长期的过程，需要不断总结经验，调整和改进。

六、璀璨星辰，照亮未来之路

"槐美课程"的正面激励评价体系超越了分数的束缚，深入到学生心灵的每一个角落，用鼓励的话语、肯定的眼神、温暖的拥抱，构建起一座座通往自信的桥梁。孩子们在这里学会了欣赏自己的独特之处，勇敢地探索未知的世界。

在一节数学课上，一个曾经对数学充满畏惧的小女孩小刘，在课堂上面对一道难题眉头紧锁。这时，詹华胜老师没有急于给出答案，而是温柔地说："小刘，你的思考过程很有逻辑，只是这一步需要换个角度看看。我相信，你一定能找到答案的。"这句话，如同一束光穿透了小刘心中的阴霾。经过反复尝试，小刘终于解出了题目，那一刻，她的眼中闪烁着前所未有的光。从此，小刘对数学的兴趣与日俱增，成绩也稳步提升。这就是正面激励评价体系赋予的力量——让每一个孩子都能在挑战中发现自我，在鼓励中绽放光彩。

七、推广与展望：春风化雨，润物无声

为了让这份宝贵的经验（正面鼓励评价体系能帮助学生树立自信，激发学习动力，还能促进他们在德、智、体、美、劳等方面的全面发展）惠及更多学子，"槐美课程"的积极评价体系如同春风一般，在教育的田野上轻轻吹拂。学校之间，开始了一场场关于爱与激励的交流盛宴，成功的案例与经验如同种子，被精心播种在每一寸渴望成长的土地上。而教育政策制定者，则如同辛勤的园丁，为这片沃土提供充足的阳光雨露，让正面激励评价体系得以茁壮成长。

我们相信，随着时间的推移，"槐美课程"的正面激励评价体系将在更广阔的天地间绽放异彩，成为培养未来之星的重要基石。它不仅是对传统评价模式的勇敢革新，更是对学生全面发展理念的深情呼唤。它让我们看到了教育的无限可能，也让我们更加坚信：用爱与鼓励浇灌的花朵，终将绽放出最璀璨的光芒。

参考文献

[1] 冉莲, 钟昱. 激励性评价在小学课堂教学中的运用 [J]. 教育观察, 2021, 10(39): 32-35.

[2] 于博文, 朱成科. 中小学激励性评价的价值定位与改进路径 [J]. 教学与管理, 2022, (09): 60-62.

乡村小学美术教育与班级文化建设实践探讨

◎ 韩英　杨塑英

在乡村小学的教育领域中，美术教育是一门技艺的传授，是一种传承和弘扬文化的方式。尤其在班级文化建设方面，美术教育扮演着举足轻重的角色，它通过独特的方式，不仅美化了教室环境，还营造了一种浓郁的美育氛围，为班级文化的构建注入了新的活力。本文将以双槐树小学在"槐美课程"中的美术教育实践为示例，结合理论知识，探讨乡村小学美术教育的多维价值及其在班级文化建设中的实际应用，并提出实现两者融合发展的具体建议。

一、乡村小学美术教育的多维价值

美术教育在孩子们的成长道路上扮演着举足轻重的角色，深深影响着他们的心灵成长。

（一）培养学生的审美能力和艺术素养

乡村小学的学生更多身处自然环境之中，与大自然有着天然的亲近感。他们的心灵纯净，对美有着更为直接和纯真的追求。美术教育作为美育的重要组成部分，在乡村小学中承载着多重价值。

美术教育能够培养学生的审美能力和艺术素养。通过学习和实践，学生能够学会欣赏和鉴别不同风格、不同流派的美术作品，提高自己的审美水平。同时，在创作过程中，他们也能够不断提升自己的技艺和修养。比如，通过国画山水等传统艺术的学习，可以提升学生的审美能力和创造力，还可以帮助学生了解和熟悉中华传统文化[1]。

（二）激发学生的创造力和想象力

美术教育能够激发学生的创造力和想象力。在绘画的世界里，没有固定的答案和模式，只有无限的想象和创造，学生可以通过画笔和颜料，将自己的想法和情感自由地表达出来，从而锻炼自己的创造力和想象力。例如，课堂上，教师限定创作主题，如"节能减排""动物乐园"等，学生充分发挥自己的想象，自由表达心中所想，画出一幅幅充满思考与灵感的画作。课间，孩子们去槐树下捡拾一片片飘落下来的金黄槐树叶，精心收藏在书页里，或做成树叶标本，或手工粘贴成小花、小动物，也是一件十分有趣的事。

（三）促进学生的全面发展

美术教育还能够促进学生的全面发展。在创作过程中，学生需要不断地思考、观察、实践和探索，这些过程都能够促进他们的智力、情感和身体素质的全面发展。同时，通过参与绘画比赛和展览等活动，学生还能够增强自信心和团队协作能力。比如，学校带队参加各级各类绘画比赛，学生在准备参赛作品时，需要不断调整和改进自己的作品，这个过程是提升他们艺术水平的绝佳机会，也是对其心理素质的考验，在一次禁毒作品比赛中，我校五年级五班张宴桥同学创作的《远离毒品》，以其大胆的想象、独特的构思、巧妙的创作手法和精致的染色，获得了江津区特等奖。

二、美术教育在班级文化建设中的实践应用

在该部分，笔者仍以"槐美课程"中的实践为例，探讨美术教育在班级文化建设中的具体实践应用，以及它如何为班级文化建设增添色彩与活力。

（一）美化教室环境

教室是学生学习和生活的重要场所，也是班级文化建设的重要阵地。通过美术教育来美化教室环境，能够营造出一种浓郁的美育氛围，让学生在一个更加舒适、美观的环境中学习。一方面，可以在教室的墙壁上悬挂一些学生的绘画作品。这些作品可以是课堂练习、作业展示，也可以是根据学校德育活动安排，指定创作的有主题的作品，如防溺水专题、庆祝国庆节、庆祝三八妇女节等。通过展示学生的作品，可以让他们感受到自己的价值和成就感，也可以激发其他学生的创作热情。同时，不同的作品能够让教室变得更加生动和有趣。例如，教师可以在班级里设立一个《每周佳作》专栏，展示学生的优秀作品，让他们感受到自己的努力被认可。另一方面，可以在教室的角落和空白墙面上设计一些具有教育意义的美术作品或标语。例如，教师带学生绘制一些寓教于乐的故事画、成语故事画等，让他们在欣赏艺术的同时，也能够学习到一些有益的知识。这些设计不仅美化了教室环境，还能够起到教育引导的作用。

（二）融入日常教学

除了美化教室环境外，美术教育还可以融入日常教学中，促进班级文化的建设。可以在课堂上引入一些优秀的绘画作品，让学生欣赏和学习。这些作品可以是名家的经典之作，也可以是学生的优秀作品。通过欣赏这些作品，学生可以感受到不同艺术风格和表现手法，拓宽艺术视野。同时，教师也可以引导学生进行创作实践，让他们在实践中学习和成长。例如，在美术课上，可以结合语文课本的内容，创作与课文相关的插图，让学生加深对课文内容的印象，同时提高艺术素养。如五年级上册第三单元课文《牛郎织女》，学生可以把课文主要人物牛郎、老牛、织女都画下来，每一个故事情节学生都可根据课文内容，通过想象，配上一幅插图。这既认真完成了语文学科内容教学，也是对课本学习的延伸与拓展，让孩子的语言文字和精神层面都得到更完美的体验，让语文学科和美术学科完美融合，这样的美学教育，正是水到渠成。

（三）融入班会活动

在班会等活动中加入与绘画相关的表演和互动环节，比如，当故事中出现美丽的风景时，演员可以现场用彩笔简单勾勒出风景的轮廓；当主角画出神奇的物品时，可以展示事先准备好的绘画作品。利用美术课所学的排版、色彩搭配等知识，让学生分组设计班级板报；每月更换一次主题，内容可以包括班级活动、优秀学生事迹、学科知识等。通过板报设计，培养学生的团队合作能力和创造力，同时也宣传了班级文化。

（四）举办主题绘画比赛

校内和班级可以定期举办主题绘画比赛，如"我的班级我的家""梦想从这里起航"等，让学生表达对绘画的热爱和对未来的憧憬。比赛可以设置奖项，鼓励学生积极参与。将优秀绘画作品制作成班级相册或纪念册，作为班级文化的重要成果保存下来，在毕业时或班级活动中展示，让学生回忆美好的校园时光……

三、乡村小学美术教育与班级文化建设的融合发展

开展美术教育与班级文化建设的融合发展具有重要的现实意义，为了实现这些意义，学校在建设"槐美课程"与班级文化建设的融合过程中，主要

从以下几个方面入手。

（一）加强师资培训和专业指导

提高教师的美术教育水平和能力是关键。可以通过组织教师培训、邀请专家讲座等形式，提高教师的专业素养和教学能力。例如，定期组织美术教育培训班，邀请陈可之等美术名家授课，提高教师的专业水平和教学技能。

（二）加大投入和支持力度

为乡村小学的美术教育和班级文化建设提供必要的物质和资金支持。例如，争取江津区地方政府的专项资金支持，用于购置美术教育的器材和材料，提高学校的硬件设施。

（三）加强家校合作和社会参与

让更多的人关注和支持乡村小学的美术教育建设。可以通过家长会、社区活动等形式，加强家长和社区的参与和支持。改变家长的观念，增加对美术教育的重视程度是必要的[2]。例如，双槐树小学在举办书画大赛、师生作品展览等活动时，邀请家长进校园参观，了解孩子们的学习情况和进步，增强家校之间的联系和互动。

总之，从双槐树小学在"槐美课程"中的美术教育实践来看，乡村小学美术教育与班级文化建设的融合发展是一个长期而艰巨的任务。只有教育者不断地探索和实践，不断地创新和改进，才能够让其更加丰富多彩、更加具有生命力和活力。希望通过我们共同的努力，让学生在绘画的世界里找到属于自己的梦想和希望，在美育的熏陶下茁壮成长！

参考文献

[1] 张家健 . 国画山水在农村小学美术活动中的实践研究 [D] . 河北师范大学 , 2018.

[2] 赵万长 . 农村小学艺术教育现状及对策探究 [J] . 考试周刊 , 2021, (74): 148–150.

浅谈书法与绘画教学的师资培养与团队建设

—— 以双槐树小学为例

◎ 刘晓玲　韩英

随着社会对艺术教育的重视程度日益提高，书法与绘画教学在基础教育中的地位愈加重要。双槐树小学作为全国十佳书画教育名校，长期以来注重师资培养与团队建设，力求树立书法与绘画教学典范。本研究旨在探讨双槐树小学的师资培养与团队建设方法，分析其成功经验，为集团内学校做示范引领，也为其他学校提供参考。

一、理论基础

在深入探讨教师培养和艺术教育的特殊性之前，首先需要理解其背后的理论基础。

（一）教育学视角下的师资培养

教师的专业发展是一个持续的过程，需要不断地学习和进步。教育学理论指出，教师的专业发展框架包括知识更新、教学技能提升和教育理念的深化。而团队合作在教师成长中扮演着重要角色，学校成立师徒结对、老带新等方式有效促进教师之间的经验交流与共同进步。

（二）艺术教育的特殊性

书法与绘画教学具有独特的特点，要求教师必须具备深厚的专业知识，还须拥有较强的艺术素养和创造力。此外，艺术教育的个性化和审美性要求教师能够因材施教，注重培养学生的个性和创意思维。

二、双槐树小学师资现状分析

师资队伍是教学团队的基础和根本[1]。从师资队伍的概况出发，可以对双槐树小学当前的师资进行优势与特色分析。

（一）教师队伍概况

双槐树小学现有一支由专业书法与绘画教师组成的团队，有重庆市书法家协会会员 2 名，江津区书法家协会会员 4 名，教师数量适中，结构合理，其中大多数教师都具备丰富的书画创作经验和教学实践。

（二）存在的问题与挑战

尽管双槐树小学在书法与绘画教学上取得了一定成绩，但也面临一些挑战。首先，师资力量仍有不足，难以满足日益增长的教学需求；其次，教师专业发展的机会有限，亟须更多的培训和交流机会以提升教师整体业务能力。

三、师资培养与团队建设策略

师资力量和团队建设的优劣往往决定了学校的教育质量和未来发展。因此，双槐树小学在师资培养与团队建设上倾注了大量心血，以确保为学生提供更优质的教育。

（一）师资培养：多渠道引进与培养

优秀的师资是教育质量的保障，培养优质的教师队伍是搞好教育的前提[2]。为此，学校采取了多种措施来引进和培养教师。

1. 引进社会力量

学校积极与社会力量合作，引进了一批批书画名家和优秀校友资源。例如，著名画家陈可之在母校成立了"白沙陈可之美术学校"，还带领一批书画名家指导学校的书画教育，极大地提升了学校的艺术教育水平。

2. 校际合作

双槐树小学与重庆航天职业技术学院等高校建立了合作关系，吸引优秀大学生志愿者参与学校的教育活动。这些大学生带来了新鲜的教学理念和方法，为学校注入了活力。

3. 内部培养

学校注重内部教师的成长，通过举办各种教研活动、培训和比赛，提升教师的专业技能和教学水平。例如，学校定期组织教师参加全国少儿书画大赛等活动，组织全校学生参加现场书画大赛等活动，既锻炼了教师的指导能力，也提升了他们的教学热情。

（二）团队建设：打造坚实的教育团队

一个优秀的教育团队不仅需要个体的优秀，更需要团队的协作与配合。双槐树小学在这方面也做出了显著的努力。

1. 教研活动

学校定期举办教研活动，如美术书法教研活动、艺体教研活动等。这些活动为教师提供了展示和交流的平台，促进了教师之间的相互学习和共同进步。例如，学校积极参与江津区内美术书法教研活动，通过工作报告、论坛交流和精品课展示，极大地拓宽了教师的视野。

2. 联合教研

双槐树小学积极组织教育集团内学校开展教研活动，还与外校联合教研，如与江津区高占小学联合举行的艺体教研活动。这种跨校的教研活动促进了教师之间的交流，拓宽教师的眼界，激发教师的创作灵感，也为学校带来了更多的教学资源。

3. 专家指导

学校还承办了江津区美术书法教研活动、区教科所的专家交流与指导教研活动。专家的指导有助于提升教师的教学技能，也为他们提供了新的教学思路和方法。

四、打造独特的教育品牌

双槐树小学不仅采用各种策略进行师资培养和团队建设，还注重打造具有自身特色的教育品牌。

（一）"臻美书画"品牌

学校以"让所有的美与你相遇"为办学理念，发扬"上上上，天天向上；行行行，日日践行"的槐小精神，塑造了"臻美书画"特色品牌。这一品牌体现了学校的书画教育追求，"臻美书画苑"也成为学校对外展示的重要窗口。

（二）开放办学

学校大力实施开门办学，吸引特长家长、有知识的退休老干部、一技之长的民间艺人、大学生志愿者等参与到学校的办学行为中。这种开放的办学模式丰富了学校的教育资源，也为学生提供了更加多元化的学习机会。

（三）艺术氛围

学校积极营造浓厚的艺术氛围，通过举办各种艺术活动、书画大赛，激发学生的艺术兴趣和创造力。例如，学校建设的重庆市乡村学校少年宫，为书画教育提供了广阔的空间，丰富了学生的课余生活。

五、成效与展望

通过多年的努力，双槐树小学在师资培养和团队建设方面取得了显著的成效。一批批优秀的书画教师，如邹开均、周宇等，在这片沃土中成长起来，还在各类比赛中取得了优异的成绩，为学校争得了荣誉。学校也先后被评为"全国学校美育先进单位""全国十佳少儿书画教育先进集体""重庆市文明校园""江津区绘画特色学校"等。

展望未来，双槐树小学将继续坚持"心怀天下立德，情怀巴渝树人"的办学宗旨，不断优化师资培养和团队建设的策略，努力打造一个更加坚实的教育团队，在艺术教育的道路上越走越远，培养出更多具有艺术素养和创新精神的人才。在学校"臻美文化"的熏陶下，在"槐美课程"的引导下，槐小学子都能成长为"五美好少年"！

参考文献

[1] 于贵波, 陶凤和, 王书海. 教学团队的师资队伍建设 [J]. 佳木斯教育学院学报, 2011, (06): 1+3.

[2] 刘春雨. 培养优秀教师团队提升教育教学质量 [J]. 课程教育研究, 2014, (09): 239.

家校合作模式在乡村美育教育中的应用与成效

◎ 王云波　李雪祥

美育，作为教育体系中不可或缺的一部分，历来被视为培养个体审美情趣、创造力和全面发展的重要途径。然而，在乡村地区，由于资源的相对匮乏和分布不均，美育教育的实施往往面临诸多挑战。要推进乡村学校美育发展，社会和学校必须转变教育观念，家长必须提高对美育的认识及重视程度[1]。为了克服这些困难，家校合作模式逐渐受到人们的关注，成为推动乡村美育教育发展的有力工具。本文以江津区双槐树小学的实践为例，探讨家校合作模式在乡村美育教育中的应用及其成效，以期为乡村美育教育的改革与发展提供有益的参考。

一、家校合作模式概述

家校合作模式是一种强调家庭与学校共同承担教育责任的教育理念。在这种模式下，学校不再是教育的唯一主体，家庭也被纳入教育过程中，成为孩子成长的重要伙伴。家校合作模式要求家长和学校之间建立紧密的联系，共同规划、实施和监督孩子的教育。

二、家校合作模式在乡村美育教育中的应用

在乡村美育教育中应用家校合作模式，能够有效整合学校和家庭的教育资源，在更广阔的范围内促进乡村美育教育的发展。接下来，我们从以下三个方面，详细探讨家校合作模式在乡村美育教育中的具体应用与实践。

（一）建立稳固的家校沟通机制

家校合作模式的实施首先需要建立稳固的家校沟通机制。学校应定期举办家长会，向家长介绍美育教育的目标、内容和计划，同时听取家长的意见和建议。此外，学校还可以利用现代通信技术，如微信、QQ 等，建立家校联

络平台，方便家长随时了解孩子的美育学习情况，并与教师进行及时沟通。例如，在双槐树小学，针对学校的一些兴趣小组，为了赢得社会与家长的广泛支持，学校巧妙地利用家长会这一平台，向家长们详尽介绍了该艺术教育项目及其开展状况，并宣传早期艺术教育对孩子成长的重要性，建议家长在家庭里要着力培养孩子学习艺术的兴趣，给家长在如何培养孩子的艺术兴趣方面给予指导，鼓励家长支持孩子参加各类比赛活动。

（二）鼓励家长参与美育活动

在家校合作模式下，家长不仅是孩子的监护人，更是孩子美育学习的参与者。学校可以邀请家长参与学校的美育活动，如亲子绘画、手工制作等，让家长与孩子共同感受艺术的魅力。例如，双槐树小学发起过的亲子制作手抄报与宣传海报的活动，家长和孩子们一起收集素材，讨论设计构思，运用彩笔、剪纸、拼贴等多种艺术手法，创作出一幅幅富有创意和个性的手抄报和海报。这些作品用于学校公开展出，还被用于社区的宣传活动，成为连接学校、家庭与社区的桥梁，展现了乡村美育教育的丰硕成果。通过这一过程，孩子们的艺术才能得到了充分的发挥，同时还加深了家庭成员之间的情感联系，让艺术成为家庭生活的一部分。

（三）挖掘和利用家庭及周边社区资源

乡村地区虽然资源相对匮乏，但也有很多独特资源可以利用。学校可以引导家长和孩子一起挖掘和利用这些资源，如利用自然景物进行写生、利用废旧物品进行艺术创作等。此外，学校还可以邀请当地民间艺人、手工艺人等进校园传授传统艺术技能，让孩子们在亲身实践中感受传统艺术的魅力。

在双槐树小学，一大批特长教师、特长家长、有知识的退休老干部、一技之长的民间艺人、才华横溢的大学生志愿者参与到学校绘画、书法、剪纸、手工、器乐等多个兴趣小组担任课外辅导员。这种结合乡村特色资源的美育教育方式，丰富了孩子们的学习内容，也让他们更加深入地了解了自己的家乡和传统文化，培养了他们的乡土情怀和文化自信。

三、家校合作模式在乡村美育教育中的成效

在乡村美育教育领域，家校合作模式展现出了其独特的优势和成效。以下将详细探讨这种合作模式如何为学生、家长和学校带来积极的影响。

（一）增强学生对美的感知与创造能力

家校合作模式下的美育教育，能够让学生在学校接受专业的艺术教育，还能在家庭和社区中感受到艺术的熏陶。通过与家长的互动和合作，学生逐渐形成了对美的独特感知和理解，同时也提高了自己的创造能力。他们开始尝试用不同的方式表达自己的情感和想法，用艺术的方式记录自己的生活和成长。

（二）丰富学生的学习内容和体验

家校合作模式使得乡村美育教育不再局限于课堂内的教学，而是延伸到了家庭和社区中。学生可以在更广阔的空间里学习艺术知识、探索艺术奥秘、体验艺术创作的乐趣。这种多元化的学习方式丰富了学生的学习内容，也让他们在学习过程中获得了更多的乐趣和成就感。

（三）促进家校关系的和谐发展

家校合作模式的实施促进了家校关系的和谐发展。学校和家长之间的沟通和交流更加频繁和深入，彼此之间的了解和信任也逐渐增强。这种良好的家校关系为孩子的成长提供了更好的支持和保障，也为美育教育的开展创造了更好的条件。

四、结论

家校合作模式在乡村美育教育中的应用与成效显著，它丰富了学生的学习内容和体验，也促进了家校关系的和谐发展。在以后的教育道路上，我们应继续深化家校合作模式在乡村美育教育中的应用，探索更多的实践经验和成功案例，为乡村美育教育的改革与发展贡献更多的"双槐智慧"和"双槐力量"。

参考文献

[1] 龚素梅. 乡村学校美育发展滞后的原因与对策 [J]. 广西教育，2017, (29): 50-51.

社区参与视角下的"槐美课程"拓展

—— 学校与社区联动的艺术教育实践

◎ 唐平英　刘晓玲

　　在时代背景下，教育的边界正在被重新定义，艺术教育尤为如此。双槐树小学的"槐美课程"，在狭义上是以书画为特色的美育课程，作为一项深耕本土文化的艺术教育课程，正逐渐打破校园的限制，向着更广阔的社会舞台延伸。本文将探讨学校与社区如何携手合作，将"槐美课程"的影响力扩散至社区，使之成为艺术教育与社会实践融合的生动例证。

一、"槐美课程"：乡土文化的艺术演绎

　　"槐美课程"以学校"槐文化"为根基，融合了多元艺术形式，旨在培养学生的艺术创造能力和审美鉴赏力，同时强化他们对本土文化的归属感。在双槐树小学，"槐美课程"不只是艺术技能的传授平台，更是学生探索自我与世界连接的桥梁。在学校"让所有的美与你相遇"的办学理念基础上，形成了"臻美书画"特色品牌，"槐美课程"正是对办学理念与特色品牌的践行与延伸，引导学生在创作中感受和融入家乡的文化韵味。

　　双槐树小学坐落在中国历史文化名镇重庆市江津区白沙镇（坝），大旗山麓，长江之滨。学校所在地历来文化阜盛，学校前身"新华小学"成立之时，正处于抗日战争的硝烟之中，师生们以书画为武器，宣传抗日救亡运动；抗日胜利之后，学校的书画传统绵延至今，与时俱进，新人辈出。

　　因此，就在地文化和校史文化而论，双槐树小学自带以书画为特色的美学基因；而"臻美文化"正是对在地文化和校史文化的传承和发掘，成为今日双槐树小学的校园主题文化。

二、社区参与：艺术教育的社会化实践

　　艺术教育的价值在于其与社会生活的紧密结合。而社区美育的价值在于其能够成为社区教育与社区治理的重要推进元素，是学校美育的有效拓展与

补充[1]。社区作为学生日常生活的重要组成部分，其丰富的文化资源和活动场景为"槐美课程"提供了生动的素材和展示平台。通过社区参与，"槐美课程"得以超越校园的界限，让学生在真实的社会环境中实践艺术，增强教育的实用性和感染力。在"臻美文化"指导之下，学校按照"美育为抓手，五育齐并举，社区师生共发展"的思路，举办了一系列主题文化活动。这些活动的共同点在于：以打造"五美好少年"为目标导向，在凸显"美育"的学科特色的同时，挖掘社区资源中关于美的一切要素。

三、学校与社区的联动机制：共建共享的艺术生态

学校与社区不仅仅是地理位置上的邻近，更是文化、知识和创造力的交汇点。通过有效的联动机制，双方能够共同打造出一个充满活力、多元且富有创新性的艺术生态。

双槐树小学与社区建立了紧密的合作关系，共同构建了一个艺术教育的良性生态系统。学校"打开校门"，邀请社区艺术家和文化工作者的加入，为"槐美课程"带来了新鲜血液。他们参与课程设计，分享现代艺术的理念和技术，亲自指导学生创作。例如，学校邀请一些有特长的家长、有知识的退休老干部、技艺突出的民间艺人、才华横溢的大学生志愿者进入学校绘画、书法、手工、剪纸等多个课程，担任课外辅导员。这充分提高了教学的专业性和生动性，也让学生有机会接触更广泛的创作手法和艺术风格。

此外，学校成立"臻美书画苑"，作为师生书画作品和社区书画家的作品对外展示平台。绘画室和书法室又分区陈列社区书画家作品和师生的主题书画作品，作品内容不断丰富，在学校营造出良好的美育氛围。

不仅如此，学校还将美育拓展到除书画以外的多个方面，例如"剪纸艺术进校园"活动，学生在社区剪纸艺人的指导下用刻刀完成一幅幅精美的剪纸作品，这也是一场与美的相遇。

四、社区资源的利用与整合：挖掘乡土文化价值

学校充分利用本土的文化遗产，如非物质文化遗产、民间艺术等，将其融入"槐美课程"的教学内容。通过实地考察、主题创作等活动，学生在艺术实践中深入了解和体验本土文化，同时也为文化的保护与传承作出了贡献。这种教育模式能够帮助学生认识社区、走进社区和服务社区，培养学生各方面的综合能力以及立足于自己的文化，以平等、包容的态度对待其他民族的

文化[2]。"槐美课程"的书画教育强调根植白沙这方沃土，形成优良的艺术氛围，铺垫下厚实的艺术土壤；学校知名校友、著名画家陈可之大师不定时地通过网络鼓励学生热爱生活，在生活中去发现美和欣赏美。他每次回到故乡都要到学校来看一看，听一听，并手把手地指导学生创作。

五、面临的挑战与解决方案：携手共进的艺术教育之路

在追求艺术教育的道路上不可避免地会遇到各种挑战，然而正是这些挑战，让我们更加坚定地走上了携手共进的艺术教育之路。

（一）资源协调与居民参与度问题

尽管"槐美课程"在社区拓展方面取得了一定成绩，但在资源协调和提升居民参与度方面仍面临挑战。学校通过加强与社区的沟通，让学生"走出去"，让社区"走进来"，提升两者的参与热情。

（二）社会资金的筹集

学校积极寻求社会资金的支持，购置艺术材料和设备，改善教学条件。这些努力使得"槐美课程"在社区的拓展更加顺利，也让更多学生从中受益。

"槐美课程"在双槐树小学与社区的共同努力下，提升了学生的艺术素养，带动了社区文化的繁荣。未来，学校将继续深化与社区的联动，探索创新的教育模式，使"槐美课程"成为连接学校教育与社区发展的坚实桥梁。我们期待通过共建共享的艺术教育实践，为学生的全面发展和社会文化的丰富多样性作出更大贡献，让艺术教育成为社区共生的美好篇章。

参考文献

[1] 胡晨晨 . 新时代社区美育的价值意蕴与实践探索 [J] . 吉林艺术学院学报 , 2022, (02): 18–23.

[2] 刘慧 . 社区取向美术教育课程设计的探索与实践 [D] . 成都 : 四川师范大学 , 2016.

乡村学校少年宫的特色建设研究

◎ 刘英　周忠敏

　　为了全面落实《关于加强未成年人思想道德建设的意见》精神，要把儿童的精神文明建设放到发展的重心上来。践行"槐美课程"需要广泛地吸纳各种教育资源，而"少年宫"是一种良好的模式。以培育和践行社会主义核心价值观为主线，以立德树人为根本任务，全力推进乡村学校少年宫建设，有效提升了学生综合素质，促进了教育教学管理，形成了良好校风学风。

　　乡村学校少年宫由于受经费、师资、场地、设备等限制，与城市少年宫相比，活动形式规模质量大打折扣。但是，经过潜心调研、精心规划、用心组织，富有学校特色的乡村学校少年宫同样可以发挥好育人作用，同样可以精彩纷呈。

一、精心打造，立足乡土特色

　　双槐树小学坐落于中国历史文化名镇、中国西部唯一的全国经济发达镇行政管理体制改革试点镇——江津区白沙镇。千年古镇白沙的肥沃文化土壤，孕育了双槐树小学校。2014年秋，学校投入资金建设各功能室，启动乡村学校少年宫建设工作。在"心怀天下立德，情怀巴渝树人"的理念引领下，根植家乡沃土，挖掘地域文化底蕴，传承三大文化——抗战、非遗、学校特色文化。

（一）传承白沙抗战文化

　　白沙作为抗战时期成为拱卫陪都重庆的大后方，与沙坪坝、北碚夏坝、成都华西坝成为闻名的文化"四坝"。冯玉祥将军盛赞白沙为"最爱国的市镇"，夏仲实将军率领家乡子弟兵出川抗日，宋美龄在白沙修建新运纺织厂，白沙人民踊跃上交军粮，出钱出工赶修飞机场……这些爱国故事激励着一代又一代白沙人！学校少年宫为了传承白沙抗战文化，组建了武术、槐花文学社、绘画、书法、表演、小百灵合唱团等兴趣小组。槐花文学社参观抗战遗址，讲述抗战有关故事；书法兴趣小组书写抗战歌谣、楹联；绘画兴趣小组创作漫画，编写抗战文化故事；表演兴趣小组创编的抗战文化情景剧；合唱兴趣小组唱抗战歌曲；武术兴趣小组操练抗战时期白沙武林人士为抗击倭寇而创编的武术套路《满江红》。

（二）传承白沙非遗文化

古镇白沙，有着众多特色的风俗民情，其中闹元宵更是堪称"最具魅力的民间习俗"，为"重庆非遗"。看，祭码头、抓龙麟、舞龙狮、烧龙灯，整个场面颇为壮观精彩！听，锣鼓喧天，爆竹震耳！真是铁水火花四溅，人在火中舞，龙在火中飞！少年宫开设舞龙、腰鼓兴趣小组，既有原始元素，又赋予现代文化的特点，激发了学生对家乡的自豪感。在深度挖掘白沙非遗文化的基础上，结合学生个人的兴趣，推荐特色项目，着重于开发个人潜能，让学生能够更加充分学习理解感悟到自己所处的文化氛围并由此更加热爱自己的家乡，这有助于贯彻落实国家素质教育的总教育方针[1]。

（三）传承学校槐文化

双槐树小学已走过九十个春秋，积淀下优良的办学传统和深厚的文化底蕴，形成了十分深厚的槐文化。学校开设科技、乒乓、排球、篮球、信息技术、绘画、手工制作、剪纸、舞蹈、器乐演奏等学校传统优势项目的兴趣小组，向学生普及艺术、体育、科技等方面的知识，开阔他们的眼界，开发他们的兴趣爱好，提高广大学生的综合素养。

二、整合资源，用好乡土师资

在少年宫的建设与发展过程中，资源的整合与利用是至关重要的。因此，我们积极探索并实践了多种资源整合的方式，力求为孩子们打造一个更加广阔的成长舞台。

（一）利用好本校有特长的教师资源

在教师方面，教师发展中心向教师们传达少年宫建设的必要性，提高教师热情，并在结合各个教师特点的情况下，创建出一个多元化的、能够组织各类型活动的教师辅导员团队。

（二）吸纳外部师资

在社会人士方面，建议有知识的退休老干部、一技之长的民间艺人、才华横溢的大学生志愿者参与到学校的办学行为中，形成专业化的团队为少年宫服务，他们可以利用有创意的思维为少年宫的建设注入创意性的思想[2]。让学生人人有特长，个个有发展。学校利用地缘优势，整合教育资源，如重庆航天职业技术学院一批批优秀大学生志愿者进入双槐树小学科技、绘画、书法、手工、器乐、播音、主持、趣味英语、乒乓、篮球、羽毛球、武术、拉丁舞、跳绳等多个兴趣小组担任课外辅导员，参与学校的"德・能"特色教育活动，培养了一批批德能兼备的优秀学子。

（三）建好家长资源库，请特长家长进校园

学校在"家访到千家"活动中，发动教师广泛收集家长信息，建立好家长信息库。学校根据家长自身特长和专业知识，在自愿申请无私奉献的情况下，定期到校服务。杨同学的爸爸是重庆工商学校的体育教师，也是江津区武术学会副会长，武术功底好，在学校抛出"橄榄枝"后，杨同学的爸爸十分乐意担任学校乡村学校少年宫武术教练。肖同学的妈妈舞蹈基本功扎实，是小有名气的舞蹈家，自愿担任舞蹈兴趣小组辅导员。民警王中兵是学校的"家长"，为学校师生举行了道路交通安全的讲座。利用家长优势资源，改善学校办学水平，促进学生成长，形成教育合力，一位位特长家长走进少年宫课堂，培养孩子们文化艺术、体育健康、科技创作等方面的兴趣，更好地满足学生多元发展。

三、一室多用，人人参与活动

双槐树小学精细统计室内室外场地面积，统一规划，做到精细管理。依托校舍资源，以专用教室为主，"一室多用"为辅，确保乡村学校少年宫活动场地需求。

学校因地制宜、因陋就简装修其他教室作为少年宫功能室，把学校有限的功能室统筹安排，尽量"一室多用"，把功能室的功能多样化、最大化。图书室平时是师生借阅图书的地方，到了少年宫社团活动时间就是文学社活动场地；运动场网格化，满足舞龙、武术、拉丁舞、篮球、排球、羽毛球、乒乓球等少年宫室外社团活动的需要；智能录播室扮演着课堂实录、播音主

持训练、英语口语训练的角色；实验室既是科学实验活动室，又是少年宫科技活动室……此外，学校还维修改建绘画室、书法室、手工创作室、音乐室等。就这样，"一室多用"满足了乡村少年宫二十余个社团活动的需要。

乡村少年宫的建设为广大农村未成年人提供了接受素质教育、开展实践活动的平台；改变了过去农村未成年人缺乏场地进行课外教学活动的情况，更加促进了教育部的农村未成年人思想道德建设任务的进程。

学校乡村少年宫社团活动全面开展，呈现"以乐促智、以技促能、以读养德"的功能，成为学生的思想道德建设阵地、文体活动平台、科普活动场所，突出品德与行为、文学与创作、艺术与审美、运动与健康、科技与创新。槐小的学生如绽放的槐花，朵朵芬芳。

参考文献

[1] 王郡丽 . 浅析如何让乡村学校少年宫活跃起来 [J] . 中国校外教育 . 2019, (5): 1.

[2] 席海晟 . 乡村（社区）少年宫的特色建设与模式创新 [J] . 试题与研究：教学论坛，2018, (7): 28.

立德树人视角下，
乡村学校少年宫特色文化建设
—— 以双槐树小学为例

◎ 唐军　孙健浩

在新时代背景下，乡村振兴战略的实施为乡村教育注入了新的活力。乡村学校少年宫作为乡村文化教育的重要载体，承载着立德树人和文化传承的双重使命。乡村学校少年宫，是属于孩子自己的少年宫和活动场所，是推进素质教育的载体和阵地[1]。本文旨在探讨如何通过双槐树小学乡村学校少年宫的特色文化建设，实现立德树人的目标，促进乡村文化振兴，为乡村教育的发展提供一种新的思路与实践案例。

一、理论框架

"立德树人"是教育的根本任务，也是乡村学校少年宫创建的灵魂[2]。它要求我们在教育过程中注重德育，引导学生形成正确的价值观。在乡村学校少年宫的文化建设中，这一理念应贯穿于教育活动的各个方面。教师通过设计富有教育意义的文化活动，让学生在参与和体验中感悟到成长的快乐。

（一）立德树人理念的内涵

立德树人不仅仅是教育的口号，更是教育工作的核心理念。它强调德育在学生成长中的重要性，倡导通过教育活动培养学生的道德素养和正确的价值观。这一理念在乡村学校少年宫的文化建设中，应通过具体的活动设计和实践，真正落实到学生的日常学习和生活中。

（二）文化建设的重要性

文化建设在教育中的地位不容忽视。丰富多彩的文化活动，有助于激发学生的学习兴趣，还能够培养他们的审美情趣和创新能力。在乡村学校少年宫的建设中，文化活动应当多元化、系统化，既要注重传统文化的传承，也要融入现代文化元素，满足学生多方面的发展需求。

二、实践案例：双槐树小学

双槐树小学以其独特的槐文化底蕴，通过乡村学校少年宫这一平台，构建了一个融合传统与现代的校园文化生态系统。学校的文化活动丰富了学生的课余生活，在他们心中播下了文化自信、爱国情怀、创新精神的种子。

（一）槐文化的传承与发展

槐文化作为双槐树小学的文化核心，通过女子管乐队、槐花文学社等多种形式，展现了学校对艺术教育的重视。这些活动帮助提升了学生的文化素养，也培养了他们的团队合作精神和创新能力。女子管乐队通过定期演出和比赛，增强了学生的自信心和表演能力；槐花文学社则通过定期的文学创作和交流活动，提高了学生的写作水平和文学素养。

（二）校友文化的激活与传承

双槐树小学通过建立校友人才数据库，激活了校友文化的力量。例如，知名画家陈可之返校成立"白沙陈可之美术学校"，指导书画兴趣小组活动，为在校学生提供专业的艺术指导，激发了他们对艺术的追求和对创作的潜能。

（三）家乡非遗文化的活化教育

双槐树小学将古镇特有的非遗文化融入教育之中，通过糖关刀、蔚县剪纸等项目，让学生在亲手操作中感受到传统文化的魅力，增强了文化自信和对家乡的深厚情感。糖关刀作为一种传统民间艺术，用一块大理石板、一个勺子、一瓢糖，就能唤起人们那些似乎远去的记忆和"年"的味道，绘制的各种图案更是深深地吸引了学生的兴趣；蔚县剪纸则通过动手实践的方式，点染出明快绚丽的色彩，让学生在体验中学习和传承非遗技艺。

三、特色文化建设

在推进乡村学校少年宫的建设过程中，特色文化建设是一项至关重要的任务。它能够为学生提供多彩的课外生活，深化他们对家乡文化的了解和认同。我们将从以下几方面探讨如何加强乡村学校少年宫的特色文化建设。

（一）挖掘乡土资源，打造特色品牌

乡村学校少年宫应充分利用当地的自然资源和人文资源，开发具有地方

特色的文化活动项目。例如，学校组织设立传统手工艺工作坊，让学生亲手制作泥塑、剪纸等手工艺品，传承非物质文化遗产。这些活动可以培养学生的动手能力，还能够让他们在实践中深入了解和热爱家乡文化。

（二）强化师资力量，提升教育质量

教师是乡村学校少年宫特色文化建设的关键。应加强对少年宫教师的培训和管理，提高其专业素养和教育教学能力，培养一批既懂教育又擅长某项文化技能的复合型人才。通过定期的专业培训和交流活动，提升教师的教学水平和创新能力，为特色文化活动的开展提供有力保障。

（三）搭建展示平台，促进文化交流

乡村学校少年宫应积极搭建学生作品展示和文化交流的平台，如举办文化艺术节、才艺大赛等活动，让学生有机会展示自己的学习成果和创作才华，增强自信心和成就感。通过与其他学校的交流与合作，开阔学生的视野，促进文化的互相借鉴和共同发展。

四、教育模式创新

双槐树小学不断探索与实践，通过一系列富有成效的策略，为学生营造了一个充满活力和创新氛围的学习环境。其中，"六个一"规范管理与开放办学策略，正是学校在这一方面的重要实践。

（一）"六个一"规范管理与开放办学策略

双槐树小学通过"六个一"规范管理和开放办学策略，确保了学生在规范、高效、个性化的环境中成长。"六个一"包括每周一节德育课、每月一次主题班会、每学期一次综合实践活动、每年一场文化艺术节、每年一份家庭教育指导手册、每年一次家长会。学校通过整合校内外资源，引入武术、跳绳等特色项目，丰富了活动内容，提升了学生的身体素质与意志力。

（二）因时育人与因材施教

双槐树小学注重因时育人与因材施教的教育方针，通过个性化的教育方法，满足不同学生的发展需求，促进每个学生的全面发展。学校根据学生的兴趣和特长，开设多种选修课和兴趣小组，鼓励学生在自主选择中发现和锻炼自己的潜能。

五、成效与展望

双槐树小学的实践成效得到了社会的认可，所获荣誉是对教育理念与实践成果的肯定。接下来，学校应持续深化槐文化的品牌效应，进一步挖掘校友资源，加强与社区的互动，扩大非遗文化的影响力，并探索更多符合时代需求的教育模式。学校计划在未来几年内，进一步拓展特色文化活动的范围和深度，提升学生的综合素质和文化素养。

六、结语

立德树人视角下的乡村学校少年宫特色文化建设，是一项系统工程，需要政府、学校、社会等多方面的共同努力。通过深入挖掘乡土资源、强化师资力量、搭建展示平台等措施，能够丰富乡村学生的课余生活，提升其综合素质，还能够有效传承和弘扬乡村文化，为乡村振兴战略的实施贡献教育力量。在新时代的背景下，乡村学校少年宫还应不断创新和成长，发展成为乡村教育和文化传承的重要阵地。

参考文献

[1] 王鑫.打造成长乐土绽放生命花蕾——学校乡村少年宫建设的探索与实践[J].考试周刊, 2018, (96): 38.

[2] 谢惠阳.优化资源精细创建——乡村学校少年宫创建实践与探索[J].福建教育学院学报, 2016, 17(06): 114–115+120.

本土文化融入乡村学校少年宫活动的策略与效果评估

◎ 刁攀利　龚艳

在新时代教育背景下，乡村学校少年宫作为推动城乡教育均衡发展的重要载体，承载着传承本土文化、促进学生全面发展的重任。双槐树小学借助其深厚的槐文化底蕴与创新的教育理念，将千年古镇——江津区白沙镇本土文化融入乡村学校少年宫活动之中，激发了学生对传统文化的热爱，显著提升了他们的文化认同感和地方遗产的传承意识。本文将分析双槐树小学在少年宫的实践策略，及其在增进文化认同和传承地方文化遗产方面的显著成效。

一、本土文化融入的策略

乡土性与现代性是乡村学校的两种重要属性：乡土性夯实着乡村学校的文化根基，现代性映衬着乡村学校的时代意识[1]。本土文化的融入是一个系统工程，它需要我们深入挖掘和提炼地方文化的精髓，将其与现代教育体系相结合，以实现文化的传承与发展。在这一过程中，我们要注重文化知识的普及，更要注重文化精神的传承和弘扬。接下来，我们将从学校特色文化——槐文化和艺术审美的深度融合这一具体策略入手，探讨如何在双槐树小学中实现本土文化的有效融入。

（一）槐文化与艺术审美的深度融合

双槐树小学以"槐"为核心，构建了一套独特的文化传承体系。通过启业课程与礼仪教育，小百灵合唱团、槐花文学社等艺术团体的设立，学生在艺术海洋中遨游，在创作与表达中锻炼了创新思维和审美能力。拉丁舞、舞蹈、播音主持等兴趣小组的开设，进一步丰富了学生的艺术体验，使校园洋溢着浓厚的艺术气息。这种深度融合提升了学生的艺术素养，在潜移默化中培养了他们对槐文化的认同感和自豪感。

例如，小百灵合唱团成立于 2010 年，人员主要由三年级的孩子组成，坚持每周由专业老师科学训练 2 次，同时积极参与上级组织的各种竞赛活动，通过以赛促练、以赛促学的方式，孩子们的学习兴趣和参与热情被激发出来。该社团多次夺得江津区中小学声乐大赛合唱桂冠，同时在白沙镇第四届抗战文化艺术节、"滨江之夏""新春文化周"等大型活动中大放异彩。

又如，槐花文学社成立于 2004 年，该社团被评为全国"创新作文核心文学社"。社团积极组织学生到白沙抗战文化陈列馆、白沙抗战遗址、白沙新农村、白沙古街老巷、白沙工业园等地采风，做到期期有主题、有方案、有成果。走出去的方式可以开阔学生眼界，提高学生人文素养，培养学生团结协作能力、社会实践能力、写作技巧和创作能力。数年来，团员们在各类报刊上发表文章两千余篇。

（二）家乡抗战文化与民俗活动的活态传承

白沙镇，这座见证了抗战历史的古镇，其深厚的抗战文化被双槐树小学巧妙地融入少年宫活动中。武术、槐花文学社、绘画、书法、表演、小百灵合唱等社团，开展参观抗战遗址、讲述抗战故事、书写抗战歌谣楹联、编写抗战文化故事、创编抗战文化情景剧、演唱抗战歌曲等活动，不怕困难、众志成城、前赴后继的抗战精神在槐小落地开花。此外，学校还借助古镇特有的民俗活动（如舞龙、腰鼓等），让学生在参与中体验家乡文化的魅力，增强对家乡的归属感与自豪感，树立正确的价值观和爱国情怀。

例如，白沙"非遗"闹元宵、舞龙历史悠久，热闹非凡。学校舞龙社团购置了两条九节小龙，聘请白沙古镇舞龙民间艺人进行专项训练。现在，"槐小龙"登上了白沙抗战文化艺术节、白沙闹元宵等大舞台。

又如，腰鼓是白沙非常独特的民间大型舞蹈艺术，源远流长，是白沙人民庆祝丰收、欢度春节、闹元宵的一种民俗性舞蹈。学校五六年级 200 多名同学组成腰鼓社团，该社团分为锣鼓队和腰鼓队，由白沙民间腰鼓艺人担任辅导员。槐小腰鼓社团传承传统文化精髓，让白沙千年古镇的民俗文化在这里生根发芽。

（三）非物质文化遗产在校园落地生根

乡村学校教育是传播乡土文化、传承乡村文明的重要载体[2]。双槐树小学根植家乡沃土，传承白沙非遗文化，金钱板、风筝制作、杂耍、陈记糖关刀、美食等非遗项目在校园落地生根，让学生在亲手制作和体验中感悟传统文化的精髓。通过举办美食节、非遗展览等，学生学会了技艺，更在心灵深处播下了保护和传承家乡文化的种子。

例如，白沙传统小吃，久负盛名，其中，冰糖藕丸、绿豆团、夜露霜、蛋丝酒等菜品，脍炙人口，入选《川东小吃》一书。学校美食社团聘请酒店厨师作为辅导员，指导孩子们制作传统美食，月亮粑粑、水晶凉粉、工艺糖人、汤水豆腐脑、风味凉面、和和菜、板板街鳝鱼面、担担面、青杠沟高粱粑等风味名小吃融入社团活动制作，色香味俱佳，深受学生的喜爱。在美食社团开展的活动中，学生不仅学会了制作传统美食，还通过口述历史和亲身体验，了解这些美食背后的故事和文化意义。

又如，白沙风筝制作技艺是江津区市级非物质文化遗产代表性项目。白沙风筝，在传统制作风筝的基础上，结合了铜梁龙制作技巧，独创出了可拆卸的龙头风筝，还有书法、绘画与风筝制作相结合的十二生肖"画书"风筝，形成了独特的技巧和风格。为了让此项非遗项目在校园内得到传承，学校特聘重庆市非物质文化遗产白沙风筝的代表性传承人杨兴钟老师担任该社团老师。通过社团活动和手工课，学生在动手过程中体验到传统工艺的魅力，并通过校内外展览展示自己的作品，增强了学生的自信心和文化认同感。

二、效果评估

在实施了一系列以传承和弘扬本土文化为核心的教育活动后，双槐树小学在多个方面取得了显著的效果。这些活动丰富了学生的校园生活，在潜移默化中影响着学生的思想和情感。

（一）增进文化认同与自豪感

通过上述一系列活动的开展，双槐树小学的学生对本土文化的认同感显著增强。他们开始主动探索家乡的历史故事，分享家乡的文化习俗，这种由内而外的文化自信和自豪感，是任何书本知识无法替代的。学生在参与中逐渐形成了对家乡文化的深厚情感，这种情感成为他们文化身份的一部分。

具体而言，学校通过定期举办德能杯艺术节、科技节、读书节、体育节、书画展等活动，让学生有机会展示自己的学习成果和创作才华。同时，除让学生在校内大放异彩以外，学校还组织学生积极参与不同级别的赛事，例如，市级的"开口即美"朗读大会、跳棋比赛等，区级的校园集体舞、体育运动会、器乐比赛、征文演讲比赛等，学生在比赛中多次获奖，提升了艺术水平，也让他们在集体荣誉感中感受到文化自信和自豪。

（二）传承与创新并举

在传承本土文化的同时，双槐树小学鼓励学生进行创新性学习，如知名跳绳教练进校园、武术兴趣小组的设立，既保留了传统技艺的精髓，又融入了现代元素，激发了学生对传统文化的创新思考。这种传统与现代的结合，让传统文化在新时代焕发出新的生命力。

例如，学校在传统武术教学中，结合现代体育科学知识，提升学生的身体素质和自我保护能力，同时通过武术表演和比赛，激发学生的荣誉感和团队精神。跳绳项目则通过邀请专业教练指导，提升学生的跳绳技巧和兴趣，让传统体育项目焕发新活力。

（三）社会影响与荣誉见证

双槐树小学乡村学校少年宫的创新实践赢得了广泛的关注与认可。近年来，学校荣获多项荣誉，包括重庆市乡村学校少年宫成果汇报一等奖、重庆市文明校园、江津区教学质量先进集体等，这些成就是对学生能力提升的肯定，也是学校教育理念和实践策略成功的有力证明。

这些荣誉背后，是学校长期坚持文化传承与创新教育的成果。例如，学校通过多渠道宣传和展示学生的优秀作品，吸引了媒体和社会各界的关注，增强了社会对乡村教育的认同和支持。

三、结语

双槐树小学乡村学校少年宫通过将本土文化深度融入日常教育活动，让学生在快乐中学习成长，在他们心中种下了热爱家乡、传承文化的种子。未来，双槐树小学将继续坚持以文化为纽带，推动教育与本土文化的深度融合，让更多的文化之花在校园中绽放，让更多槐花般的孩子在文化自信的滋养下茁壮成长为"五美好少年"！

参考文献

[1] 谭敏 . 乡土性与现代性：乡村学校的文化反思与文化自觉 [J] . 教育科学研究，2020，(06): 18–23.

[2] 李长娟，王珏璟，赵准胜 . 乡村学校教育视域下乡土文化的断裂与传承 [J] . 教学与管理，2016, (16): 5–8.

乡村学校少年宫活动与学生综合素养提升的实证研究

◎ 周其荣　古健

在教育领域深化改革的今天，促进学生的全面发展，提升其综合素养已成为教育界的核心议题。乡村学校少年宫，是属于孩子自己的少年宫和活动场所，是推进素质教育的载体和阵地[1]。乡村学校少年宫通过提供丰富的课外活动，为农村学生搭建了一个展示自我、拓展潜能的舞台。本研究聚焦重庆市江津区双槐树小学，深入剖析其乡村学校少年宫的运作模式及其对学生综合素质提升的实效性，旨在通过量化的数据和质性的观察，为乡村教育的优化策略提供有力的证据支持。

一、研究背景与意义

自 2011 年国家启动乡村学校少年宫项目以来，这一平台已经成为农村地区未成年人思想道德建设、兴趣培养和特长发展的重要平台。双槐树小学作为其中的佼佼者，遵循"让所有的美与你相遇"的办学理念，依托地方特色，植根乡土文化，创造性地将传统文化教育与现代教育理念相融合，为学生综合素养的全面提升提供了肥沃的土壤。本研究通过双槐树小学的实例，探讨少年宫活动在促进学生德、智、体、美、劳全面发展方面的具体成效，力求为其他乡村学校提供重要借鉴意义。

二、乡村学校少年宫活动概述

双槐树小学于 2014 年启动乡村学校少年宫建设工作，编印了标准化建设指导手册，还在实践过程中逐步规范"明确一套标识、完善一套设施、展示一支队伍、上墙一套制度、公示一批项目、展示一批成果"的"六个一"建设标准。

不仅如此，少年宫活动内容丰富，形式多样，覆盖了德育、艺术、体育、科技和劳动等多个维度。活动设计既注重传统技艺的传承——如剪纸、国画、糖关刀等非物质文化遗产的学习，又融入现代科技教育——如机器人项目、编程课程，以及线上线下的体艺活动，实现了传统文化与现代科技的有机结合，极大地丰富了学生的课外生活。具体到学生的心理品质和道德发展，具有乡土特色的少年宫活动能够有效提升中小学生的积极心理品质[2]。

三、乡村学校少年宫活动的多样性与深度

双槐树小学乡村学校少年宫活动的设计充分体现了"立足本土、面向未来"的理念，传承了地方文化精髓，更融入了现代教育元素，构建了一套多元、立体的课外教育体系。

（一）艺术修养的培养

槐花文学社、小百灵合唱团、槐花女子管乐团等艺术团体的成立，在区域乃至市级比赛中屡获佳绩，更通过文学采风、声乐器乐训练等实践，让学生在感受艺术魅力的同时，深化了对文学与音乐的理解与热爱。此外，剪纸、国画、书法等传统文化活动的开展，让学生在学习技艺的过程中，深刻体会到中华文化的博大精深。

（二）体育精神的塑造

学校通过组织田径、足球、篮球、跳绳等传统体育项目，在区小学生运动会上展示了槐小学子的竞技风采，也通过团队合作，培养了学生坚韧不拔、勇于挑战的体育精神。而国际跳棋等新兴项目的引入，则拓宽了学生的视野，激发了他们的思维活力。

（三）科技创新的驱动

机器人项目、编程学习等科技活动的开展，激发学生的科学兴趣，让学生掌握了前沿科技知识，更在动手实践中锻炼了创新思维和解决问题的能力，为未来科技社会培养了小小探索者。

（四）劳动技能的提升

小槐花志愿者社团通过参与劳动实践活动——如重阳节敬老、环保行动等，培养学生的社会责任感和团队合作精神。美食社团、手工刺绣社团和手工粘贴社团培养了学生的动手操作能力和生活技能，学生学会了生活自理，实现了理论知识与实际操作的有效结合。

四、活动效果评估

对活动效果的深入解析，我们可以从德育效果、艺术素养、科技与创新能力以及体育与健康四个维度展开，全面展示活动的积极影响。

德育效果：启业课程中通过"一二三八"槐小文明行为规范，学生的行为习惯与道德观念得到了显著改善。

艺术素养：艺术类活动如文学、合唱、书法、绘画课程等，极大提升了学生的艺术鉴赏力和创造力。

科技与创新能力：机器人项目、编程课程等科技活动，激发了学生的探索欲和创新能力，增强了解决问题能力。

体育与健康：传统体育项目与新兴体育活动的结合，有效锻炼了学生的身体素质，增强了团队协作能力。

五、结论

双槐树小学乡村学校少年宫通过一系列精心策划的活动，有效提升了学生的综合素养，为农村教育的高质量发展提供了鲜活案例。在未来的教育道路上，通过持续优化与创新，双槐树小学少年宫将更好地服务于学生综合素养的提升，培养一个个"五美好少年"，为培养全面发展的社会主义建设者和接班人贡献力量。

参考文献

[1] 王鑫. 打造成长乐土绽放生命花蕾——学校乡村少年宫建设的探索与实践 [J]. 考试周刊, 2018, (96): 38.

[2] 李乐, 王珂, 王川, 等. 乡土特色的少年宫活动对中小学生积极心理品质的提升作用 [J]. 四川精神卫生, 2014, 27(01): 7-9.

因材施教与特长培养

—— 乡村学校少年宫活动的个性化教育实践

◎ 周忠敏　高昊

　　在现代教育的洪流中，个性化教育和特长培养已成为引领教育创新的重要旗帜。它们强调尊重每一个学生的独特性，挖掘其潜能，实现真正意义上的因材施教，特别是在乡村教育中，这样的理念更显得弥足珍贵。2014年，双槐树小学投入近160万元资金建设各功能室，启动乡村学校少年宫建设工作，以其对个性化教育的深入实践，将乡村学校少年宫打造成为培养学生特长和兴趣的重要平台。它既是活动场所，也是推进素质教育的载体和阵地[1]。本文旨在深入探讨双槐树小学在个性化教育实践中的具体策略和成效，以及这些实践对学生全面发展的深远影响。

一、个性化教育的重要性

　　个性化教育，就是根据学生的个体差异，量身定制教育内容和方法，以满足其独特的学习需求和发展潜能。在当今这个信息爆炸、竞争激烈的社会，个性化教育的重要性愈发凸显，它有助于学生充分发挥自身潜力，还能激发他们的学习兴趣和动力。同时，特长培养作为个性化教育的重要组成部分，更能够让学生在某一领域深入钻研，形成独特的竞争优势。

二、乡村学校少年宫活动的实施策略

　　在实施乡村学校少年宫活动的过程中，双槐树小学采取了一系列精准而有效的策略，以确保每位学生都能得到充分的关注和个性化的培养。

（一）兴趣识别与分类

　　双槐树小学在实施个性化教育的过程中，首先通过多种方式对学生的兴趣和特长进行识别和分类。我们要根据学生的兴趣、爱好特长和发展要求，采用《致学生及家长一封信》的办法，了解学生的爱好需要，设立项目。教师利用日常观察、测试和访谈等手段，深入了解每个学生的性格特点、兴趣

爱好和潜在能力。同时，学校还定期组织各类兴趣小组和活动，让学生在实践中发现自己的兴趣和特长。这些数据和信息为后续的个性化教育方案制定提供了重要依据。

（二）量身定制的活动设计

在了解学生的兴趣和特长后，双槐树小学开始为每个学生量身定制个性化教育方案。学校根据学生的兴趣和能力，开设了多样化的兴趣小组和活动。

例如，针对有音乐爱好的学生，学校开设了槐花女子管乐团、小百灵合唱团等多个兴趣小组；对于文学爱好者，则开设槐花文学社和书法班等。此外，学校还设立了剪纸、绘画、舞蹈、足球、科技、国际跳棋等多个兴趣小组，确保每个学生都能找到适合自己的活动。

（三）师资力量的优化

为了保证个性化教育的质量，双槐树小学在师资队伍建设上也下了大力气。一方面，学校大力实施开门办学，努力吸引一大批有特长的家长、有知识的退休老干部、青春灵动的大学生志愿者参与到学校的办学行动中。同时，积极协调并引入重庆航天职业技术学院、重庆文理学院来校建立学生思想素质教育基地；邀请白沙非遗风筝传承人杨兴钟、杂耍传承人李龙祥、白沙文化站腰鼓老师彭治琼、全国国际跳棋校际联赛权威裁判李秋池等助力学校特色发展。一批批优秀志愿者进入双槐树小学担任课外辅导员，参与学校的"德·能"特色教育活动。另一方面，学校还派遣教师外出学习，参加各类培训和研讨活动，提高他们的专业素养和教学能力。这些措施有效地提升了学校的师资力量，为个性化教育的实施提供了有力保障。

三、乡村学校少年宫活动的成效评估

双槐树小学乡村学校少年宫经过多年耕耘与建设，主要收获了以下三方面的成效：一是学校获得"全国学校美育先进单位""全国学校美育教学优异成果奖""重庆市文明校园""重庆市国际跳棋特色学校"等殊荣，增加了社会影响力，办学水平得到提升；二是大浪淘沙，千锤百炼，培养了校内和校外两支优秀的辅导员队伍；三是培养了一批批"德·能"兼备的优秀学子，让学校 2000 名学生人人有特长，个个有发展，例如，熊鑫溢同学拍摄的DV短片《我的周末》获全国"NOC"决赛一等奖，吴城林同学在器乐大赛中荣获全国奥斯卡器乐特等奖。

双槐树小学的 2000 名学生在少年宫活动中得到锻炼，他们如绽放的槐花，朵朵芬芳，《中国教育报》《语言文字报》《重庆日报》《师资建设》以及人民网、华龙网、江津融媒体等多家媒体给予报道。双槐树小学乡村学校少年宫把学生的兴趣培养成特长，把特长提升为技能，把技能拓展为素质，为每个学生的人生成长奠基。

四、对学生全面发展的影响

个性化教育的对象是学生，实现个性化教育的前提是要尊重、理解学生的个性[2]。个性化教育模式的实施，使学生能够在擅长的领域内发光发热，取得显著成就，这一过程极大地增强了他们的个人成就感和自我价值感。与此同时，通过积极参与富含本土文化特色的兴趣小组活动，学生掌握了多样化的技艺，还深入探索并理解了家乡丰富的历史与文化底蕴，有效培养了他们对家乡深厚的情怀以及强烈的文化认同感。此外，在艺术、体育、科技等多个领域的广泛参与，为学生的全面发展提供了广阔的舞台，使得他们的综合素质得到了显著提升，为未来的学习和生活奠定了坚实而多元的基础。

五、结论

双槐树小学通过个性化教育和特长培养策略的成功实践，为学生提供了一个展示才华、锻炼能力的舞台。学校通过识别学生兴趣和特长、设计丰富多样的活动、优化师资力量等措施，成功地将本土文化融入教育实践之中，实现了学生的全面发展，这些实践为他们的未来发展奠定了坚实基础。在未来，双槐树小学将继续探索和完善个性化教育策略，以培养出更多具有创新精神和实践能力的优秀槐小学子。

参考文献

[1] 刘永泉, 孙迪. 建设乡村少年宫促进学生个性发展 [J]. 辽宁教育, 2016, (24): 75–76.

[2] 张丽云. 在个性化的环境中实践个性化教育 [J]. 江苏教育, 2019, (63): 66–67.

第 三 篇

槐美课程·成果展示

笔墨书写与灵魂对话

◎ 刘伟

在秋意渐浓的十一月，双槐树小学的操场上，展开了一场名为"翰墨书党恩 丹青绘祖国"的特别庆典。这不仅仅是一场践行"槐美课程"的校园活动，还是一场跨越时空的心灵对话，是一次通过笔尖与纸张的亲密接触，与千年的文化积淀进行的深入交流。作为这场活动的亲历者与指导教师，我深感荣幸，我见证了这一幕幕动人心弦的场景，感受到书法艺术带给孩子们的无尽魅力与心灵的洗礼。

活动前夕，整个校园都洋溢着一种特殊的氛围。这种氛围既包含了对传统文化的敬畏与尊重，也蕴含了对未来的无限憧憬与期待。学生在课余时间纷纷投入到书法的练习中，他们或独自揣摩，或相互切磋，每一个笔画、每一滴墨迹都凝聚着他们对书法艺术的热爱与执着。在这个过程中，孩子们锤炼了书写技巧，在无形中深化了对中华文化的理解与认同。

书法，作为中国传统文化的珍宝，一直以来都承载着传承与发扬的重任。在这次"翰墨书党恩 丹青绘祖国"的活动中，我们特意选取了与党的百年征程紧密相关的诗词作为书写内容。从一年级的《夏日绝句》中感受古人的豪情壮志，到六年级的《少年中国说》中领略新时代少年的担当与使命，每一首诗词都蕴含着深厚的文化内涵和时代意义。在孩子们一笔一画地书写中，我仿佛看到了历史的风云变幻，听到了时代的脉搏跳动。

书法练习的过程，其实是一个从外至内，再从内至外的过程。起初，孩子们注重的是形态的模仿和技巧的掌握，追求每一笔的工整与美观。然而，随着练习的深入和理解的加深，他们开始体会到书法真正的魅力所在——那份由内而发的平和与沉静。在书画大赛现场书写《石灰吟》时，孩子们不仅仅是在模仿诗句的形态，更是在用心体会诗中所表达的坚韧不拔和忠诚报国的精神；在书写《过零丁洋》时，他们则仿佛置身于文天祥的豪情壮志之中，用笔尖传递出对祖国的深情厚谊。

尤其令人感动的是软笔书法的环节。在这个环节中，孩子们需要运用更加细腻和精准的笔触，来展现诗词的韵味和意境。从三年级的《出塞》中感受到边疆将士的英勇无畏，到四年级的《春望》中领略到杜甫对国家和人民的深深忧虑，再到六年级的《七律·人民解放军占领南京》中感受到中华人民共和国成立时的喜悦与自豪，孩子们在书写的过程中完成了对诗词的场景再现，与古人进行了一场跨时空的对话。这种对话是心灵的交流，是情感的共鸣，更是对传统文化的传承与发扬。

此次大赛的"丹青绘祖国"环节，让孩子们的创造力得到了淋漓尽致的展现。无论是天真烂漫的儿童画，还是意境深远的国画，每一幅作品像是孩子心灵的窗口，映射出他们眼中的世界。三年级的画作里，有欢快的节日庆典，有温馨的家庭时光；六年级的画布上，则更多地描绘了祖国的山川之美，以及他们对未来的美好憧憬。这些画面，色彩斑斓，构思巧妙，无不体现出孩子们对生活的热爱和对梦想的追求。

比赛当天，阳光洒满操场，空气中弥漫着淡淡的墨香。孩子们手握笔杆，聚精会神地投入到书写中。他们或站或坐，或低头沉思或挥毫泼墨，每一笔都凝聚着他们的心血与汗水。在规定的时间内，他们不仅要完成作品的书写，更要展现出自己的风格和特点。这种挑战与压力让他们更加珍惜每一次的书写机会，也让他们在不断地尝试与探索中，找到自己的定位和价值。

比赛的紧张氛围中也不乏温馨与感动。有的孩子在比赛中遇到了困难，但身边的同学与老师总能在第一时间给予鼓励和支持，这份团结互助的精神，比任何奖项都更加珍贵。当比赛结束，获奖名单公布时，无论是否榜上有名，每个孩子的脸上都洋溢着满足与自豪的笑容。

回顾这次"翰墨书党恩 丹青绘祖国"活动，我深感其意义之重大。这是一次书写比赛，更是一次心灵的旅行和文化的传承。在笔墨的律动中，孩子们与古人进行了跨时空的对话，与历史进行了深度的交流。这种对话与交流让他们更加深入地理解了传统文化的内涵与价值，在未来的道路上更加坚定自信、勇往直前。我相信，双槐树小学的孩子们，经历"臻美文化"的熏陶和"槐美课程"的塑造，定能够继续传承和发扬中华文化的精髓，并成长为德智体美劳全面发展的"五美好少年"！

折叠时光的剪纸艺术

◎ 高昊

时光匆匆，转眼间一个学期已经结束。回顾这段时间里带领学生进行的剪纸活动，我深感欣慰与自豪。每一次剪裁仿佛在折叠时光，连接着过去与现在，传递着浓厚的文化情感。除了书法、绘画等，剪纸也可以作为现代学校美育教育的重要组成部分，是学校对"槐美课程"的有力践行。

剪纸作为我国非物质文化遗产的一部分，有着深厚的历史和独特的艺术魅力。然而，在现代社会中，剪纸艺术的传承和普及面临着不小的挑战。为了让学生感受到传统文化的魅力，了解并传承这一珍贵的艺术形式，学校将剪纸活动融入乡村学校少年宫。

每周四下午，我们的剪纸小组准时集合。在这将近两个小时里，学生手握剪刀、刻刀，小心翼翼地在纸上剪出各种精美的图案。我们一起从简单的窗花开始，逐步学习剪影、剪工技巧，从开始的简单描图，到后面的镂空、装裱，最终完成了复杂的剪纸作品。时至今日，兴趣小组从最初十余人发展到今天的五十余人，我们共同学习创作了剪纸《二十四孝图》《十二金钗》《京剧脸谱》等作品——这些作品现存放在学校陈列室，每次有人参观，总有莫名喜悦涌上心头。经过不断练习，学生逐渐掌握剪纸技能，在无形中提升了他们的审美能力和动手能力。

剪纸作为拥有悠久历史的民间艺术之一，其独特的镂空技艺能给人以视觉上的享受。学生通过剪纸，学习了这种传统艺术的技艺，理解了其背后的文化内涵。从剪纸的图案中分析，人们喜欢选用花鸟、双喜等图案，因为造型丰满且寓意深刻。我们也从中看到了中国人对生活的热爱，对自然的敬畏以及对美好未来的期盼。

在剪纸的过程中，我们不仅注重传承，更鼓励创新。学生在掌握基本技法后，开始尝试在传统图案的基础上进行改良和创造。每一次创新尝试，都让学生兴奋不已。他们用剪刀和纸张，创造出了一个个充满个性和创意的作品。剪纸技艺还可以与其他艺术相结合，例如，可以和一些传统工艺品相结合，然后创作出剪纸扇面、剪纸文化衫等。这些创新是剪纸技艺学习成果的展示，也是他们对传统文化的理解和重新诠释。

在剪纸活动中，师生之间的关系变得更加友好。每一次指导，每一次交流，都是一种文化的传递和心灵的碰撞。学生在老师的指导下，从初学者逐渐成长为小小剪纸艺术家，他们的进步让我感到无比欣慰。

这里有个小故事。有位学生很喜欢剪纸艺术，每当放学时他都是最晚一个离开，他总是会告诉我："老师，我想多刻一会儿再走。"我也会浪漫地回他一句："多晚我都等你！"这句话很暖，他让我明白，教师不只是工作，我们教的东西，或者日常的一言一行都可能影响他的一生。

当然，剪纸活动的开展并非一帆风顺。我们面临着师资不足、资源有限等问题。但正是这些挑战，激发了我们不断探索和创新的动力。我们通过邀请知名艺术家回校园，点燃学生的学习兴趣；剪纸艺术家进校园开展教学，保证技艺和效率；同时整合自有资源和互联网资源，丰富教学内容。我们逐步克服这些困难，剪纸成为了乡村学校少年宫传统项目。

在未来，我希望能够继续开展剪纸活动，让更多的学生了解和热爱这项传统艺术。我们计划在下学期增加更多的活动时间，引入更多的剪纸题材和创作方式，进一步提升学生的技能和兴趣。同时，我们还将加强与家长和社区的合作，共同推动剪纸艺术的传承和发展。

作为一名教师，我深感责任重大。通过剪纸活动，我看到了学生对传统文化的热爱和对美的追求，这让我对未来充满信心。我们将继续在教育的道路上前行，用心灵和双手，剪出更多美丽的图案，传递更多文化的温度。愿剪纸艺术在我们的校园中生生不息，绽放光彩。

艺术的种子：
在校园里播种美的教育

◎ 唐军

　　校园，是知识的殿堂和心灵的花园，是孩子们探索世界、发现自我、培养美感的摇篮。作为双槐树小学的一名教师，我有幸倾听与感受到学校如何精心培育艺术的种子，在孩子们心中播撒美的教育，让这份追求如同春日里破土而出的新芽，逐渐生长，最终绽放出绚丽的花朵。

　　双槐树小学建立于动荡的年代，自建校初期，一路走来，学校始终坚信，艺术教育不是简单的技法传授，而是灵魂的滋养。一路探索，学校逐渐构建起一个全方位的艺术教育体系。创新楼、超越楼等现代化的教学楼拔地而起，这些建筑的意义远不止于此——它们是艺术的象征，是对孩子们创造力的呼唤。每一块砖石，每一扇窗户，都在无声地诉说着艺术的力量，鼓励着孩子们去探索未知，去追求美。

　　步入 21 世纪，学校艺术教育的步伐并未停歇，反而加速前行。我们倡导"自主、合作、探究"的教学模式，这不是一句口号，而是实践。在课堂上，孩子们不再是被动的接受者，而是主动的探索者。他们以小组为单位，共同讨论，相互启发，用画笔记录下自己的思考与感悟。这种互动式的教学，让艺术的种子在孩子们心中扎下了更深的根。

　　到了新时代，学校更是将艺术教育提升到了一个全新的高度。我们不再满足于仅仅教授艺术技巧，而是引导孩子们去理解艺术背后的文化底蕴，去感知艺术与生活的紧密联系。通过开展丰富多彩的艺术活动，如书画大赛、乡村学校少年宫展示活动等，孩子们有机会接触更多的艺术形式，从国画、书法到剪纸、动漫，每一种艺术都像是一颗独特的种子，等待着合适的土壤和时机生根发芽。

　　犹记得，学校开展的"墨润童年　笔绘童心"现场书画大赛，孩子们用稚嫩的笔触描绘出内心的"美"。那些作品或许并不完美，但充满了真诚和热情。那一刻，我深刻地感受到，艺术教育的真正意义，并不在于培养出多少个专业艺术家，而是在于让每个孩子都能拥有一双发现美的眼睛，一颗感受美的心灵。

学校还特别重视教师队伍的建设，特别是青年教师的培养。我们有一套完整的教师成长计划，"一年入门、二年达标、三年创优、四年冒尖、五年成才"。这样的机制加速了青年教师的成长，也使得艺术教育的薪火得以传承。学校的邹开均、周宇等优秀教师，他们既是艺术的传播者，也是孩子们心中的偶像。他们的激情和才华，如同阳光雨露，滋润着艺术的幼苗，让它们茁壮成长。经过多年的奋进与积淀，双槐树小学先后被评为"江津区绘画特色学校""全国百佳少儿书画先进单位"，一批批优秀的教师也荣获"全国少儿书画大赛一等奖""全国百佳少儿书画教育家""重庆市艺术人才先进个人"等称号，并指导学生参加国家级、市级、区级比赛，为学校争得了诸多荣誉。

此外，学校积极引进社会力量和优质校友资源，例如邀请知名艺术家陈可之校友回校指导，创办"白沙陈可之美术学校"。陈可之率领一批批书画名家指导学校书画教育，我们深感荣幸。艺术的种子在大师的言传身教下，得到了更加丰富的滋养。

在日常的教学中，我们经常提倡并鼓励学生不要局限于课堂的四壁，而是勇敢地走出教室，拥入大自然的怀抱，去感受和体验这个世界的美好。其中包括了校园内的一草一木、蝴蝶飞舞、小鸟歌唱，甚至还包括了那高远的蓝天和缥缈的白云，它们都可以成为创作的灵感源泉。当孩子们置身于这样的环境之中，他们能够学会如何去欣赏自然之美，更能够学会如何去创造美。他们可以把所学的艺术知识融入日常生活中，让生活本身也变成一种艺术。这样的教育，才是我们真正需要的有深度、有温度、有宽度的教育。

艺术的种子，在校园里生根发芽，最终长成参天大树。学校从提炼出"臻美文化"，再到打造"槐美课程"，期望每一位槐小学子"与美相遇"，越来越好。它为孩子们提供了庇护，为他们的人生旅途增添了无限色彩。

这是一场关于美的教育，更是一次关于成长和梦想的旅程。

艺术的种子，终将在孩子们心中绽放出属于他们的独特光芒，照亮他们前行的道路，成为他们一生中最宝贵的财富，也使我们的校园变得更加美丽和充满生机与活力。这是我们每个人都应该珍惜和传承的宝贵财富，也是我们为人师表者应该致力于培养的品质。让我们共同努力，为孩子们营造一个充满艺术气息的校园，让他们在艺术的陪伴下茁壮成长，成为一名全面发展的"五美好少年"！

纸上的风景：
书法与绘画交织的美学体验

◎ 唐平英

在双槐树小学的"槐美课程"书画教育中，书法与绘画从不局限于技艺的传授。它们写绘交织，在学生的心田上悄然绽放，绘就一幅幅生动而多彩的成长图景。这里，每一滴墨水的落下，每一笔色彩的挥洒，都承载着学生们对世界的探索、对美的追求以及对自我表达的渴望。

一、字间穿行，情感的细腻笔触

走进双槐树小学的书法教室，一股淡雅的书香气息扑面而来，仿佛瞬间将人带入了一个宁静致远的世界。在这里，书法不再只是一种文字的书写方式，它更像是一种情感的流露，一种心灵的对话。学生们持笔在纸上缓缓落下，每一笔都显得那么庄重而富有仪式感。

我们教学生书法，并不是只教他们掌握正确的笔画顺序和结构布局，更重要的是让他们理解每个字背后的故事和文化内涵。我们讲述古人的智慧与情怀，分享书法名家的传奇故事，让学生在感受书法之美的同时，也能领略到中华文化的博大精深。在这个过程中，学生逐渐变得静心、专注，他们开始意识到，每一个字都是情感的载体，每一笔都蕴含着书写者的情感与态度。

随着学习的深入，学生对书法的兴趣越来越浓厚。他们开始尝试模仿名家的作品，甚至创作出具有自己风格的作品。在书法的世界里，他们找到了表达自己的方式，也学会了如何用心去感受和体会生活中的每一个细节。这种情感的细腻与敏感，正是书法给予学生最宝贵的礼物。

二、色彩舞动，创意的无限延伸

如果说书法是情感的细腻表达，那么绘画则是创意的无限延伸。在双槐树小学的绘画课堂上，学生们仿佛拥有了魔法棒，他们用色彩和线条在画布上勾勒出一个又一个梦幻般的世界。无论是天空的湛蓝、草地的翠绿，还是花朵的娇艳、动物的灵动，都在学生的笔下变得栩栩如生。

我们鼓励学生大胆尝试不同的绘画材料和技法，让他们在不断地探索中发现自己的兴趣和特长。从简单的涂鸦到复杂的构图，从单一的色彩到丰富的色彩搭配，学生在绘画的世界里尽情挥洒自己的创意和想象。他们知道，一幅好的作品需要经过无数次的修改和完善，才能最终呈现。这种对完美的追求和对细节的关注，正是绘画给予学生的重要品质。

三、跨界碰撞，灵感的火花四溅

在双槐树小学的艺术教育中，我们不仅仅局限于书法和绘画的独立教学，更注重它们之间的交融与碰撞。我们尝试将书法与绘画相结合，创造出一种全新的艺术表现形式。例如，我们引导学生在书法作品中融入绘画元素，如用彩墨书写诗句并配以简单的图案装饰，或者让学生以绘画的形式表现书法的意境和韵味。

除了教师主动引导艺术碰撞，教学过程中也会自然而然发生一些有趣的事情。星期三少年宫活动，有时糖关刀组的学生会悄悄地坐在国画组的教室里，因为在上课之前，国画组的同学就向糖关刀组的同学透露："今天，我们的邹开均大师要教我们画小动物。"糖关刀组的同学哪能放过这种机会，他们要现学现"卖"，做出逼真的糖画，让大家抢着来分享他们的成果。

这种跨界的尝试丰富了学生的艺术体验，在创作过程中，他们需要不断地思考如何将两种艺术形式巧妙地结合，以达到最佳的艺术效果。这种思考过程锻炼了他们的逻辑思维和想象力，同样教会他们如何从不同角度去看待问题、解决问题。

四、艺术之路，珍惜点点滴滴

在这里，我们见证了无数学生在书法与绘画的陪伴下茁壮成长的瞬间。我们记得那些清晨和傍晚，学生们在教室里静静地练习书法和绘画的身影；我们记得那些展览和比赛中，学生们自信满满地展示自己的作品并赢得掌声和赞誉的时刻；我们更记得那些在日常生活中，学生们用书法和绘画记录生活、表达情感的温馨场景。从最初的懵懂无知到后来的娴熟自如，从对艺术的浅显认识到后来的深刻领悟，每一步都凝聚着学生的汗水和努力。

书法与绘画这对亲密无间的伙伴，携手并肩为学生打造了一个充满想象与创造的美学空间。在这个空间里，学生掌握了技能和知识，变得更加自信、开朗、乐观和积极向上。他们开始懂得珍惜身边的一切美好事物，也学会了如何用自己的方式去传递正能量和温暖。

我们期待并且相信，这些从双槐树小学毕业的学生，将会以更加自信和坚定的步伐走向更加广阔的世界。而"槐美课程"中的书法与绘画将永远是他们心中那道最亮丽的风景线，陪伴着他们走过人生的每一个阶段。

手心的温度，"臻美"的共鸣

◎ 刁攀利

　　艺术是人类情感的最高颂歌，它跨越时空，连接着古今中外无数颗渴望表达的心。在双槐树小学这个小社会里，"臻美文化"如同一面镜子，映照出我们对美的不懈追求和向往。在"臻美文化"的引领下，"槐美课程"逐渐成形，书法、绘画、剪纸、刺绣等艺术形式，成为我们共同步入更高美学境界的阶梯。在这里，每一次笔触、每一抹色彩、每一根线条，都是对至善至美的探索，是情感与智慧碰撞的火花，引领我们不断攀登艺术的高峰。

一、书法——岁月静好，悠长墨香

　　书法，是中华文明的珍宝，它以简洁有力的线条，勾勒出汉字的韵律之美。在书法小组课堂上，教师引导学生研习王羲之的书法作品，如《兰亭序》等，通过讲解王羲之的书法风格、用笔技巧以及创作背景，让学生深入理解书法艺术的精髓。学生在研习过程中，不仅被王羲之书法的精湛技艺所折服，更被其作品中所蕴含的情感与意境所打动。他们通过模仿与创作，尝试用自己的笔触去表达相似的情感与意境，从而在书法创作中达到一种心灵的共鸣。

二、绘画——斑斓世界，绘就梦想

　　绘画，是最直接的情感表达方式，它让孩子们得以用色彩编织梦境，用线条诉说故事。在户外，学生仔细观察自然风光，感受大自然的色彩与形态之美。在绘画小组课堂上，他们运用所学的美术技法，将所见所感融入自己的风景画创作中。"臻美文化"鼓励学生勇敢地追求内心的声音，用画笔探索未知，发现美好。在创作过程中，学生不仅展现了自己的绘画技巧，更通过作品表达了对大自然的热爱与敬畏之情。当他们的作品完成后，彼此之间会相互欣赏与交流，分享创作心得与感受，从而在美的追求与创造过程中达到了共鸣。

三、剪纸——指尖魔法，传承文化

剪纸，这项源于民间的艺术，以简朴的材料和工具，展现出无限的创意与智慧。在剪纸小组课堂上，教师会教授学生传统的剪纸图案与技法。学生在掌握基本技法后，开始尝试创作自己的剪纸作品。他们选择具有象征意义的图案作为创作主题，如莲花、鱼、福字等，通过巧妙的构思与精细的剪裁，将传统元素与现代审美相结合，创作出独具特色的剪纸作品。在创作过程中，学生感受到了传统文化的魅力与温度，更通过作品表达了对传统文化的尊重与传承之情。当他们的作品完成后，会相互展示与分享，彼此之间的欣赏与赞美使得剪纸课堂充满了温馨与和谐的氛围，从而在传统文化的传承与创新中达到了共鸣。

四、"臻美"——艺术体验，照亮心灵

无论是书法的严谨、绘画的自由，还是剪纸的精细，艺术创作的过程都是对"臻美文化"的一次次深刻体验。作为教师，我有幸成为这段旅程的见证者和引导者，与孩子们一同经历成长的喜悦与挑战。在这些兴趣小组中，我看到了孩子们的进步，感受到了他们对艺术的热爱，更体会到了艺术教育对于人格塑造的重要意义。艺术，让孩子们学会了观察，学会了思考，学会了表达，它像一缕温暖的阳光，照亮了孩子们的心灵，引领他们向着"臻美"的理想迈进。

艺术教育是一场没有终点的旅行，它关乎心灵的成长。"臻美文化"在艺术的土壤中生根发芽，激励着我们不断追求更高层次的美，让事物往更好的方向发展，让人得到成长，更趋于完善。在书法、绘画和剪纸的课堂上，我见证了孩子们从稚嫩到成熟的转变，也收获了与他们共同创造的美好记忆。让我们珍惜每一次艺术创作的机会，用双手去触摸世界的细腻，用心去感受生活的温度。在未来的日子里，愿我们继续携手前行，用艺术点亮梦想，用爱培育希望，共同书写属于我们的精彩篇章，向着"臻美"的至高境界不断探索，直至成为至善之人。

艺术，是手心的温度，是"臻美"的共鸣，它让我们的生活更加丰盈，也让这个世界因我们的存在而更加美好。在"臻美文化"的引领下，让我们一起走向艺术的广阔天地，拥抱更加灿烂的明天。

以艺术为镜，照见心灵成长的轨迹

◎ 邓振辉　孙锐

在冬日温暖的午后，双槐树小学的校园内，一场别开生面的少年宫周年成果展缓缓拉开了帷幕。作为这场盛宴的见证者，我心中涌动着无尽的感慨与欣慰。艺术，这面无形的镜子，映射出孩子们技艺的"臻美"，揭示了他们心灵成长的足迹，每一步都那么真实，那么动人。

一、艺术种子，在土壤中悄然萌芽

当双槐树小学决定启动乡村学校少年宫项目时，这个决定在校园里引起了不小的轰动。对于这片土地上的孩子们来说，艺术似乎是一个遥远而神秘的领域。然而，学校对此充满了信心与期待，艺术的力量是无穷的，它能够让孩子们在快乐中成长，让心灵得到滋养。

在筹备过程中，资金的投入、功能室的建设、社团的组建，每一步都凝聚着学校与社会的共同努力。我们希望打造一个充满艺术氛围的学习环境，让孩子们在这里放飞梦想，展现自我。随着项目的逐步推进，孩子们对艺术的热情也日益高涨，他们开始尝试各种艺术形式，感受艺术的无穷魅力。

二、静态之美，心灵的沉淀与升华

在静态展示区，一幅幅精美的书法、绘画作品和手工艺品吸引了众人的目光。这些作品展示了孩子们的艺术才华，也是他们心灵成长的见证。

书法作为中国传统文化的珍宝，其独特的艺术魅力深深吸引着孩子们。他们在这里学会了握笔、运笔，从最初的笨拙到如今的流畅自如，每一步都凝聚着他们的汗水与努力。书法让他们学会了静心、专注，更让他们懂得了坚韧与毅力，每一幅作品都是心灵的沉淀和成长的印记。

绘画和手工艺品则展现了孩子们丰富的想象力和创造力。他们在这里学会了观察生活、感受自然，用画笔和双手记录下美好的瞬间，每一幅画、每一个作品都是孩子的内心对世界的理解和感悟。

槐花文学社则是孩子们心灵的港湾。在这里，他们用笔尖记录生活的点滴，用文字表达内心的情感。写出的文章或清新脱俗，或童趣幽默，展现了每一个写作者独特的个性和思想。文学让他们学会了思考、学会了表达，更让其心灵在字里行间得到了净化。

三、动态之舞，心灵的激荡与飞扬

如果说静态展示区是孩子们心灵的沉淀与净化，那么动态展示区则是心灵的激荡与飞扬。在这里，孩子们用舞蹈、音乐、武术等艺术形式展现自己的风采和魅力。

武术表演中，孩子们一招一式都充满了力量与美感，他们在武术的世界里学会了坚韧与毅力。架子鼓的激昂旋律让孩子们释放了内心的激情与活力，在音乐的律动中找到了自我、找到了快乐。古筝的悠扬旋律则让孩子们感受到了传统文化的魅力，在琴声中领略了古人的智慧与情感。

科技展示区则是孩子们探索未来的舞台。从机器人到鲁班锁，从现代科技到传统智慧，孩子们在这里尽情探索、尽情创造。

四、艺术与体育，心灵的平衡与和谐

除了艺术展示区外，双槐树小学还注重孩子们的体育锻炼，乒乓球、篮球、羽毛球等体育项目让孩子们在运动中感受快乐、释放压力。一个个鲜活的身影在球场上挥洒汗水、奋力拼搏，锻炼身体素质的同时培养了坚韧不拔的意志力和团队精神。跳绳和拉丁舞等动感十足的运动，则让孩子们在轻松愉快的氛围中感受运动的魅力与快乐。

五、艺术与成长的共鸣

回望这一路，我们收获了太多的惊喜与感动。孩子们在艺术的滋养下，从青涩走向成熟，从懵懂变得自信。艺术教育的价值，在于它能够跨越知识的边界，触及心灵的深处，为孩子们的成长之路铺设一块块坚实的基石。未来，希望双槐树小学的少年宫能继续作为孩子们心灵成长的沃土，让更多的梦想在这里生根发芽，让"臻美文化"照亮更多孩子的前行之路。

笔尖生花，梦想绽放：
书法中的美育与创造力

◎ 彭霞

书法承载着丰富的文化内涵和深厚的历史底蕴，双槐树小学一直用实际行动在书法教育领域深耕。在这片书韵流光的世界里，学生从一年级的稚嫩笔触到六年级的沉稳挥毫，尽情书写着对汉字美的感知，燃烧着他们内在的创造力与热情。作为一名语文兼书法教师的我，不仅是见证者，更是参与者。看着学生在书法的世界中驰骋，用一笔一画描绘出心中的天地，用心灵与文化的碰撞奏响一曲优美的赞歌。

一、书法教学中的美学传承

在书法课上，教师秉承"臻美文化"的教育理念，结合"槐美课堂"的美学实践，将书法艺术与文化教育深度融合。书法是技艺的传授，也是美学的培养与心灵的陶冶。从一年级的基本笔画练习，到六年级对王羲之、颜真卿等书法大师作品的赏析，学生逐渐体会到书法的深刻意义——它不是对汉字形态的简单复制，而是一种文化精神的传承和对"真善美"的追求。

在《兰亭序》临摹课上，教师通过多媒体展示作品，讲解了其中的笔法变化，还为学生描绘了那段风雅的历史场景。学生仿佛置身东晋的曲水流觞之中，感受到书法的意义，从而在心灵深处萌发出对传统文化的敬畏与热爱。

二、书法课堂中的创造萌芽

在书法课上，教师鼓励学生在书写中追求个性化表达。这种自由与规范的结合，正是"槐美课程"理念的重要体现。

当学生第一次拿起硬笔，模仿着老师在黑板上的示范，试图将那些看似简单的汉字结构准确地复刻下来时，他们的大脑也在进行着一场无声的洗礼。每一个笔画，每一次转折，都考验着学生的空间认知能力和手眼协调性，而这正是创造力萌芽的关键。

从一年级学生的初学硬笔，到六年级学生游刃有余地挥毫泼墨，每一个孩子都在这条书法之路上找到了属于自己的节奏。书法课上，学生用小手在纸上滑动，细腻的笔触勾勒出汉字的美感。在老师的指导下，他们学会了字形的规范，还开始在字里行间寻找规则的变化与个人的表达。正是在这一个个看似简单的笔画中，学生逐渐萌生了对美的感知和对创意的渴望。

三、从课堂到生活：书法与大自然的共舞

书法教育不再局限于课堂，更融入了学生的生活。在一次特别的书法课上，教师带领学生走出教室，来到校园中的小树林中进行户外写生。学生沐浴在温暖的阳光下，用手中的毛笔记录眼前的美景。竹林的柔美与坚韧，被学生用不同的笔法表现出来；古树的年轮，仿佛在宣纸上刻下了岁月的痕迹。这种将自然与书法结合的方式，不仅拓宽了学生的创作思路，也让他们在大自然中感悟到"臻美文化"中"真、善、美"的深刻内涵。

一位四年级的学生，在写生中以草书的形式描绘了竹林在风中摇曳的姿态，字里行间充满了动感与韵律，仿佛能听到风声穿梭在竹叶间的声音。另一个学生则用隶书勾勒出老树的苍劲，笔墨之间透出时间的厚重与生命的不屈。在每一次与自然的接触中，学生都感受到书法的深刻魅力，在这份与天地共舞的乐趣中，找到了表达自我、感知世界的全新方式。

四、从教育到自育：书法与教师的共鸣

在双槐树小学的书法教研中，并非只有学生在书法的世界中感受到美学的熏陶，教师之间也在相互学习与交流中，共同探索书法的深邃意境。他们秉承"臻美文化"的教育理念，结合"槐美课堂"的美学实践，将书法与文化教育相融合，在教学的过程中，彼此分享心得，探讨笔法与韵律，感悟书法中的"真、善、美"。

下课后，教师们常常会聚集在书法活动室，共同点评彼此的书法作品。他们时而细细品味王羲之《兰亭序》中的流畅与飘逸，时而沉醉于颜真卿《祭侄文稿》中的刚劲与沉郁。这些作品在他们的眼中，是汉字的完美呈现，更是书法家心灵深处的真情流露。教师在不断地学习与鉴赏中，彼此交流着对书法的独特理解，也在讨论中不断提升着自身的技艺。他们在笔墨间感悟生命的节奏，在文字里体会文化的深意，为双槐树小学的书法教育注入更多的温度与内涵。

　　正如春风化雨，在"臻美文化"和"槐美课程"的双重引导下，双槐树小学的书法教育不仅在技艺的传承中不断探索与提升，更在学生心灵的塑造与创造力的培养中迈出了坚实的步伐。学生在笔锋间挥洒情感，于字里行间感悟美的真谛。每一个笔画，都承载着他们对生活的热爱与对未来的希冀；每一次转折，都凝聚着他们对文化的敬仰与对创意的探索。书法，成为他们心灵的桥梁，连接着过去与未来，传统与创新。

　　愿墨润童年，绘就槐小"臻美"明天！

指尖的奇思妙想

◎ 王珮柔

三月的微风带着春的气息，吹进了双槐树小学的校园，也吹进了每一个孩子的心田。

一直以来，学校不断探索、总结、提炼教育教学经验，深挖地方特色文化，在厚积薄发、水到渠成的过程中形成了"臻美文化"。学校也基于此，开创了"槐美课程"，让孩子们能以美润心，以美悟情，以美立志，在"美的创造"活动中大放异彩。

在"臻美文化"指导之下，学校按照"美育为抓手，五育齐并举，师生共发展"的思路，举办了一系列主题文化活动。这些活动都以培养"五美好少年"为目标导向，在凸显"美育"的学科特色的同时，挖掘其他学科中关于美的一切要素。

例如，校内现场书画大赛让学生在亲身参与中提升创作技能，实现美育的教学目的；"臻美书画苑"搭建起师生书画作品对外展示的平台；绘画室和书法室分区陈列师生作品，作品内容不断丰富，在学校营造出良好的美育氛围；"剪纸艺术进校园"活动，也是一场与美的相遇……

刚刚结束的手工作品展评活动，也是美育课程的一环。看了同学们的作品后，我作为一名教师，也深感欣慰与震撼。这次展评展示了孩子们奇思妙想的手工作品，每一件都凝聚着他们的心血与创意，是来自他们指尖进行的"美的创造"，充满了童趣与梦想。

走进展览区，映入眼帘的是各式各样的手工作品。有用冰糕片、木材、矿泉水瓶等废旧物品制作的房子、火箭等；有用废旧布料、果壳、棉花等制作的布偶、花朵；还有利用纽扣、珍珠、衍纸等制作的装饰画……这些看似平凡的物品，在孩子们灵巧的双手中，变成一个个富有创意和美感的艺术品。

其中，一个小男孩用矿泉水瓶和废旧纸板制作了一艘"海盗船"。他将瓶子剪开，粘上纸板做成船体，再用废布料做成帆船。整个作品虽然材料简单，却栩栩如生，仿佛真的能扬帆起航。孩子在向我介绍他的作品时，眼中闪烁着兴奋的光芒，他讲述着自己在"海盗船"上的冒险故事，那份专注与喜悦，让我深深感动。

在展览中，还有一组作品是用废旧物品制作的环保主题手工。有的孩子用废纸板做成垃圾分类箱，有的用塑料瓶做成花盆，有的利用各种废旧塑料瓶、纸板、旧布料制作了一座"生态城堡"，还有的用旧衣服做成环保袋……这些作品展示了孩子们的动手能力，更传递了环保的理念。他们通过自己的创作，向大家传达了保护环境、爱护地球的意识。

手工作品展不单纯只是一次展示活动，也是学校艺术教育的一个重要组成部分，是学校"美"学的体验。在"臻美文化"中，正是通过具有自身特色的"美育学科"和"融合于五育之中的一切关于美要素"来塑造一个"五美好少年"，从而实现"人的提升"。而此次活动，正体现了"臻美文化"，通过这样的活动，孩子们锻炼了动手能力，还感受到了艺术的魅力。艺术教育并非只为了培养艺术家，而在于让每一个孩子都能在艺术的熏陶中成长，发现自己的兴趣和特长，发掘自己的潜力。

通过这次活动，我更加坚定了一个信念：教育不只是知识的传授过程，也是对心灵的培养和潜能的开发。我们要用爱心和耐心去引导，用宽容和理解去包容，让他们在自由的空间里尽情挥洒创意和才华，正如我校的办学宗旨"心怀天下立德，情怀巴渝树人"，在未来的教育工作中，我们将继续关注孩子们的动手能力和创造力的培养，也会建议学校开展更多类似的活动，让每一个孩子都能在指尖的奇思妙想中"与美相遇"！

教研之旅：
探索美术教育的深意与美感

◎ 苟荷

　　近日，双槐树小学有幸迎来了区教科所的专家一行指导美术教研活动，这次活动给了我教学上的启迪，让我从心灵深处重新审视了美术教育的本质和意义。期待这些新活力、新思想的注入，可以助力我校的"槐美课程"焕发出更多光彩。

一、教师探索课堂中的美学

　　活动当天，来自多所小学的美术教师齐聚一堂，大家怀着对美术教育的热爱与憧憬，参与了此次教研活动。首先，观摩了我校袁老师执教的四年级美术课《妙笔生花》。这堂课以荷花为主题，通过小组合作、自主探究的方式，引导学生运用毛笔绘画，探索中锋侧锋及墨色浓淡的变化。我校学生一直深受"臻美文化"的熏陶，对于书画技法的运用娴熟，因此袁老师在技法指导之外，还鼓励孩子们自主创作自己的作品，让学生将信息转变为自己的风格。袁老师的教学不局限于技巧的传授，更是美感的培养。

　　课堂的最后，袁老师带领学生欣赏了齐白石的作品，通过欣赏大师的作品拓宽学生的视野，激发他们对美的观察与发现能力，在这个过程中，体现了书画教育在"槐美课程"中的薪火传承。

二、专家引领美术教育的方向与思考

　　观摩活动结束后，专家秦孟立与我们进行了深入的研讨。通过分享的讲座，让我对美术教育有了更为深刻的理解和思考。秦老师强调，美术作为一种重要的艺术形式，不只在于技法的传授，更重要的是通过美术课改，提高学生的审美素养，培养他们的美术兴趣。这些观点与我校美育理念不谋而合，以美育为抓手，五育齐共举，师生共发展，让所有的美与你相遇。

在讲座中，秦老师提到，美术课堂应从单一的技能教学向自主、合作、探究的方向转变。这种转变符合现代教育理念，也有助于培养学生的观察能力、感悟能力和分析能力。通过美术教育，学生能够掌握绘画的基础知识和基本技能，同时提高他们的审美能力和创造能力。

三、在反思与展望中追求美的不同

回顾这次教研活动，我从袁老师的课堂中学习到许多教学方法和技巧，在秦老师的讲座中获得了新的思考和启发。作为一名美术教师，我深知肩负着培养学生审美能力和创造力的重要使命，正如"槐美课程"中"槐"这个意象的精神意义——坚韧不拔。在今后的教学中，我将更加注重教学目标的设计，注重学生兴趣的培养，努力让每一节美术课都成为一趟美的旅程，让每个孩子都与美相遇。

美术教育是一条没有终点的探索之路，每一位老师和学生都是这条路上的探索者。学校的"槐美课程"作为一个以书画为特色的美育课程，为学生提供了学习平台，作为他们的引路人，我感到无比的荣幸。通过不断地学习和反思，我们可以不断提升自己的教学水平，培养学生成为令学校、令家长、令社会，也令自己骄傲的"五美好少年"。

槐香里的师者情怀：
在传统与创新间舞蹈

◎ 廖容

    漫步在双槐树小学的校园里，空气中弥漫着淡淡的槐花香，这香气仿佛穿越时空，将我带回到初为人师的日子。那时，我怀着满腔热忱，初次接触"槐美课程"，立志要在双槐树小学这片书画教育的沃土上耕耘出一片属于自己的天地。如今，时光荏苒，岁月已在我身上留下了痕迹，但那份热爱却从未改变。在这里，我想与大家分享一些感悟——如何在书画课程中平衡传统文化与现代教学方法，以及如何在保留经典与寻求创新中找到个人的教学风格。

一、扎根传统，面向未来

    作为一名教师，我们肩负着双重使命，一方面要传承和弘扬中华民族优秀的书画艺术；另一方面又要紧跟时代的步伐，运用现代教育理念和技术手段，让书画教育焕发新的生机。在我任教的早期，学校特别强调对青年教师的培养，要求我们在前五年的职业生涯中快速成长。这期间，我有幸与许多老前辈共事，他们的言传身教让我受益匪浅。在教学实践中，老教师邹开均总是利用课堂，亲自向我们传授书画教学方法和教学过程。看到屏幕上各种缤纷的画面，飘香的瓜果、可爱的小动物、祖国的壮丽山河，孩子们的眼中流露出从未有过的惊喜和渴求，这使我深深地感受到了传统文化在书画教学中的重要性。因此，我在教学中始终坚持将传统文化的精髓融入其中，让学生在学习书画的同时，也能感受到中华文化的博大精深。

二、拥抱变化，勇于探索

    步入 21 世纪后，随着科技的进步和社会的发展，教育环境发生了翻天覆地的变化。学校引进了一系列先进的教学设备，标准化建设的步伐也在加快。在这种背景下，我们开始倡导"自主、合作、探究"的教学模式，鼓励学生积极参与课堂活动，通过动手实践来加深对书画的理解。当后来学校决定开展乡村学校少年宫项目时，我深知那是另外一个崭新的开始。

此外，学校成立"臻美书画苑"，作为师生书画作品的对外展示平台。绘画室和书法室又分区陈列师生们的主题书画作品，作品内容不断丰富，在学校营造出良好的美育氛围。

不仅如此，学校还将美育拓展到除书画以外的多个方面，例如剪纸、刺绣、编织和雕刻等活动，学生用刻刀完成一幅幅精美的剪纸作品，用手中丝线绣出栩栩如生的可爱生灵，整个校园呈现出一片温馨与和谐。实践证明，学校不仅为孩子们提供了展示才华的舞台，也让每一位教师的教学变得更加丰富多彩。

三、建筑底蕴，形成风格

在多年的教学实践中，我慢慢形成了自己的教学风格。我认为，教师的个人风格应当建立在深厚的文化底蕴之上，同时也要具备与时俱进的精神。比如，在教授国画时，我会结合当时当地的历史文化背景，让学生了解每一幅作品背后的故事，然后让孩子们欣赏名家国画，这样，他们可以直观感受到国画独特的笔画和线条艺术形式。在进行范画演示时，教师先画出画面的主体物，让孩子们进行填充或扩充，这样大大地培养了孩子们的想象能力和创作潜能，同时也激发了孩子们对书画艺术的极大兴趣。通过这些方式，学生掌握了书画的基本技巧，在潜移默化中受到了传统文化的熏陶。

回首过去，我在这条路上走过了不少弯路，也收获了许多宝贵的经验。我相信，只要心中有爱，眼中有光，就一定能够在传统与创新之间找到最佳的平衡点。正如双槐树小学的办学宗旨"心怀天下立德，情怀巴渝树人"，我们应当心系每一位学生的成长，让他们乘书画之风，最终成为一名"五美好少年"。

在教育的旅途中，我们都是学习者，也是传播者。在这个充满挑战的时代，让我们一起在槐香里继续舞蹈，用智慧和热情为孩子们打开一扇通往美好未来的窗！

槐香中的音符

—— 槐花女子管乐团的和谐之音

◎ 周其荣

在双槐树小学，有这样一支独具特色的管乐社团——槐花女子管乐团。作为一名亲历并见证槐花女子管乐团成长的教师，我有幸在这一路上看到了她们的汗水与收获。这支江津区唯一的女子管乐团，承载了双槐树小学孩子们的梦想和希望。在这里，她们用音乐传递能量与文化，展开一场场"与美的相遇"，用音符书写着属于她们的美好篇章。

一、初心与启程

2017年秋天，当丹枫起舞，秋意渐浓之时，双槐树小学在江津区音乐舞蹈家协会器乐负责人彭达平老师的提议下，组建了江津区第一支女子管乐团——槐花女子管乐团。这是一个全新的尝试，也是江津区第一次有了完全由女孩组成的器乐团体。

在选拔过程中，我们较为注重队员的身高和外形，主要从三、四年级的学生中挑选出了首批成员。对于大多数孩子来说，这是她们第一次接触西洋管乐器。面对复杂的乐谱和陌生的乐器，孩子们从最基础的单音吹奏开始学习，一步步克服困难，逐渐能够吹奏出完整的曲目。她们从最初一个音符都吹不出来，到渐渐能演奏一个小节、一首曲子，其中的每一步都见证了她们的成长与坚持。

二、启迪与探索

双槐树小学在深思熟虑后决定组建女子管乐团，这是学校对艺术教育领域的一次全新尝试，旨在拓宽孩子们的视野，为少先队的文化建设注入新的活力。每周，学校都会邀请专业老师为孩子们进行指导。同时，校内辅导老师也会精心组织训练，确保理论与实践、指导与训练能够相得益彰。这样的系统化训练，使管乐队的孩子们进步迅速，为孩子们开启一扇启迪之门。

三、音乐与能量

2018 年 1 月 5 日，槐花女子管乐团迎来了首次比较正式的汇报表演。尽管孩子们的演奏还不够成熟，但她们的努力、认真和自信赢得了现场家长和老师的热烈掌声。活动中，三位专业指导老师的即兴演奏更是将气氛推向了高潮，让在场的所有人都感受到了西洋管乐的独特魅力。

每次排练和演出，孩子们都在不断进步。她们通过音乐表达自己，传递积极向上的能量，成为学校里一道亮丽的风景线。音乐让她们感受到艺术的美好，也在无形中滋养着自信心。

四、汗水与喜悦

在江津区第五届器乐大赛中，槐花女子管乐团荣获了合奏类第一名的好成绩，这是管乐团中每一位成员辛勤付出的结果。从确定参加比赛到比赛前夕，孩子们刻苦训练，不断地挑战自我，力求达到最佳状态。

最终她们拿下了合奏类第一名的好成绩，并在江津融媒体演播厅颁奖活动上作为开场表演。一首《春晓》袅袅奏来，默契的配合、精准的演奏令观众仿佛置身于春日的清晨，感受到了自然的美好与和谐。看着孩子们在舞台上自信地表现，我感到无比的骄傲和自豪。

五、成长与收获

槐花女子管乐团是学校打造的一支音乐团体，更是每一位成员步步成长的见证。每一场演出、每一次比赛，都是她们努力的印记，都是她们成长的阶梯。通过音乐的学习和演出，孩子们从最初的胆怯到现在的自信，从最初的陌生到现在的热爱，每一步都充满了努力与坚持。槐花女子管乐团让她们掌握了一技之长，在音乐的世界里体现出自我价值。

作为这一路的见证者，我将一如既往地陪伴在她们身边，为她们提供指导和支持。每一位槐花女子管乐团的成员都是我的骄傲，她们用付出和汗水写就属于自己的音乐故事。

在槐花的芬芳中，她们的音符将继续飘扬，谱写出更加和谐动听的乐章。而在她们的音符中，我们听到了希望，看到了未来。

开门办学，精彩无限

—— 双槐树小学开门办学成果展示活动侧记

◎ 王云波

初夏的阳光洒在双槐树小学的操场上，空气中弥漫着孩子们的欢笑声和阵阵掌声。亲眼见证了双槐树小学举办的这场开门办学成果展示活动，我的心中充满了感动与自豪。这不仅仅是一场校内盛会，更是每一位在学校"臻美文化"熏陶下成长起来的"五美好少年"的历练场。

一、活动的绚丽与多彩

此次活动汇聚了双槐树小学两千多名学生的精彩绝活，十八般技艺尽数登台，让人目不暇接。500 人的腰鼓舞龙方阵，脚步轻快，鼓声震天，孩子们生龙活虎的表演如一条长龙在操场上腾跃，瞬间点燃了全场的热情。美食小组的小厨师们精心制作的各色美食，如汤圆、凉面、蒸饺、豆腐脑等，色香味俱佳，吸引了众多观众驻足品尝。武术、绘画、书法、表演、小百灵合唱团、槐花文学社、科技、排球、手工制作等兴趣小组也一一亮相，通过丰富多样的展示形式，传承了白沙抗战文化、白沙民俗文化和学校的槐文化。

学生的热情和投入让现场的每一位观众感受到他们对艺术和技能的热爱。表演节目的孩子们，在舞台上自信满满，展现出他们长时间练习的成果；美食小组的成员，忙碌于锅碗瓢盆之间，展示出他们对烹饪的理解与创造。每一项展示都吸引了大量的观众，他们中有家长、有社区居民，也有远道而来的嘉宾。看着这些孩子们的表现，观众们不断地鼓掌和欢呼，整个校园满是欢乐和赞美。

二、开门办学的理念与实践

作为一名教师，我深刻体会到，学校大力推行的开门办学方式拓宽了教育的边界，使更多的社会资源得以有效利用。每一个进入校园的社会人士，带来了新的知识、新的视野和新的可能性。这不仅是对学生的一种教育，也是对我们教师的一种启发。

学校在开门办学的过程中，吸纳了外界的优秀资源，也培养了学生的综合素质。特长家长的参与，带来了他们在各自领域的专业知识和实践经验，丰富了学生的学习内容；退休老干部的加入，提供了知识的传授，也传递了人生经验和智慧；民间艺人的到来，带来了传统技艺和文化的熏陶，使学生有机会接触和传承这些宝贵的非物质文化遗产；大学生志愿者的参与，为学生带来了新的活力和创意，激发了他们的学习兴趣和探索精神……

三、学生成长与自信的培养

活动中，学生通过展示自己的特长和技艺，张扬了个性，增加了自信，享受到了成功的喜悦。看着孩子们在舞台上自信满满的样子，我感受到一种满满的幸福感。每一个鼓点、每一幅画作、每一次演唱，都是他们辛勤努力的成果。这样的展示活动，既是对他们才艺的肯定，也是对他们成长过程的一次重要激励。

双槐树小学通过开门办学，让每一个孩子都有机会展示自己的才华，这种自信的培养对他们未来的发展有着深远的影响。孩子们通过一次次的成功体验，逐渐树立起自信心，学会了如何面对挑战和挫折。这些宝贵的经验和能力，将伴随他们一生，成为成长道路上的重要基石。

四、教育的思考与感悟

于一名亲历其中的教师而言，此次活动可以看作是一场深刻的教育思考。学生在各个领域的出色表现，让我深刻认识到兴趣和特长在孩子成长中的重要性。每一个孩子都有自己的闪光点，作为教师，作为教育工作者，我们有责任和义务去探索和创新教育方式，我们有责任去发现和培养这些闪光点，为学生提供更多元的学习和发展机会。

开门办学的成功实践，让我认识到教育的开放与融合的重要性。学校与社会的联动，丰富了教育资源，为学生提供了更多的学习和成长的机会。教育的道路漫长而充满挑战，只要我们坚持开门办学的理念，关注学生的个性发展和全面素质的培养，就一定能培养出更多优秀的学生。

这次活动展示了双槐树小学学子们的精彩绝活，开门办学的无限可能尽显眼前。每一个孩子都在这里找到了展示自己的舞台，每一个孩子都在这里收获了自信和成长。教育的精彩，就在于此！

舞动历史的旋律：
抗战文化在新一代中的回响

◎　何小英

在这个快速变迁的时代，历史的痕迹似乎正被岁月轻轻抹去，但总有一些地方，一些活动，能让那些沉睡的记忆重新焕发生机，让抗战的烽火在新一代的心中熊熊燃烧。作为一名亲历者，我想用笔尖记录下近年来双槐树小学如何通过丰富多样的活动，让学生铭记历史、传承抗战精神的深刻感悟。

在千年古镇、中国历史文化名镇——重庆市江津区白沙镇，双槐树小学静静地伫立着。它从战火纷飞的年代中走来，在抗战时期便在爱国人士的带领下，参与过许多爱国主义运动。时至今日，双槐树小学不仅是一所普通的乡村学校，更是承载着传承白沙抗战文化重任的重要阵地。学校借助一系列活动，旨在让那段烽火连天的岁月，在孩子们心中生根发芽，成为他们成长道路上不可或缺的精神食粮。

"纸上得来终觉浅，绝知此事要躬行。"为了让学生更直观地感受抗战的艰辛与伟大，学校精心组织了多次活动，带领学生走进"鹤年堂""夏仲实公馆""卞小吾故居"等市级抗战遗址。学生穿着整齐的校服，佩戴着鲜艳的红领巾，缓缓步入抗战遗址，目光中既有好奇也有敬畏。通过实地参访，学生了解了白沙镇深厚的历史底蕴和文化特色，体会到了白沙仁人志士为了民族独立和自由所付出的巨大贡献和牺牲，更激发了学生作为中国人、江津人、白沙人的强烈自豪感。

"艺术是情感的表达，也是历史的载体。"为了让学生更好地铭记历史，学校鼓励学生将抗战精神融入自己的文艺作品中。于是，一场场别开生面的文艺汇演、绘画比赛、征文大赛在校园里如火如荼地进行着。

在舞台上，学生表演抗战题材情景剧，重现了战士们英勇抗敌的壮烈场景。而在绘画展区，一幅幅色彩斑斓的作品映入眼帘，每一笔都凝聚着孩子们对抗战精神的深刻理解与真挚情感。更令人欣慰的是，在征文比赛中，学生用稚嫩的文字，表达了对抗战英雄的无限敬仰和对和平生活的珍惜。

双槐树小学乡村学校少年宫的建立，为抗战文化的传承提供了更加广阔的舞台。在这里，学生可以接受到专业的艺术教育，还能参与到更多与抗战文化相关的活动中来。例如，槐花文学社参观抗战遗址，讲述并写作有关抗战的故事；绘画兴趣小组创作漫画，编写抗战文化故事……

岁月悠悠，历史的车轮滚滚向前。但无论时代如何变迁，那些关于抗战的记忆与精神，都应当被永远铭记与传承。双槐树小学通过一系列丰富多彩的活动，让白沙抗战文化在新一代中回响，让历史的旋律在孩子们心中舞动。我们相信，在未来的日子里，这些孩子们定会将这份宝贵的精神财富发扬光大，为祖国的繁荣富强贡献自己的力量。

"历史是最好的教科书，也是最好的清醒剂。"让我们携手并进，在传承与创新的道路上不断前行，让抗战精神永远照耀着中华儿女的奋进之路。

小小槐花志愿者

◎ 沈哲立

　　春意正浓，阳光正好。我带领着由学校大队委同学们组成的 24 名槐花志愿者小队，参加了一次特别的任务——"保卫母亲河"志愿者活动。这次活动由白沙镇关工委、夕阳红工作室与双槐树小学共同策划开展。本次活动不仅让小槐花们体验到了身为一名志愿者为大家服务所带来的快乐，拉近了我与孩子们的距离，也让我深深感受到了他们身上的责任感与无私精神。

　　活动那天清晨，我和小槐花志愿者们一同来到白沙镇滨江公园集合，在简短的动员会后，我为每一位小槐花佩戴了环保小卫士胸牌，并为志愿者小队授予了"母亲河小卫士"旗帜。

　　一路上，小槐花们身着红马甲，手持环保袋等工具，对散落在公园及长江边的垃圾开展全方位地毯式清理，志愿者们互相配合，有条不紊地清理岸边散落的废弃物和白色垃圾，并进行集中归纳分类，让长江沿岸环境变得更清洁、更优美。

　　对于很多孩子来说，这是他们第一次参与这样的志愿服务活动。孩子们干得热火朝天，汗水顺着他们的额头流下，没有一个人停下脚步。短短的半小时内，每个人的垃圾袋都装得满满的。孩子们的脸上虽然有疲惫，但更多的是满足和喜悦。

　　活动结束后，小槐花们纷纷表示，此次活动，不仅提高了他们对长江沿岸生态环境的保护意识，更明白了"立德强能"的重要性。一个孩子在日记中写道："在当志愿者的过程中，我感受到了劳动的乐趣。我能够深切地感受到我是这个社会大家庭的一分子，我也可以为环保事业作出自己的一份贡献。每当想到这些，我就会心潮澎湃，感觉到无比的快乐和欣慰，干得更有劲了。"

　　孩子们的感受深深触动了我。作为一名教师，我一直在思考如何更好地教育孩子，如何让他们在学习知识的同时，也能培养出良好的品质和责任感。而这次活动，让我看到了志愿服务对孩子们成长的巨大作用。平时在课堂上，更多的是知识的传授和能力的培养，而通过这样的志愿服务活动，孩子们可以把书本上的知识应用到实际生活中，还可以在实践中培养出良好的品质。

教育不应局限于书本知识的传授，更重要的是要培养孩子们的综合素质。志愿服务活动正是一个很好的契机，它让孩子们在实际行动中学会了担责、奉献和团队合作。

活动中，孩子们用实际行动践行了志愿者精神，并非为了完成任务而去劳动，而是发自内心地希望通过自己的努力，让这个世界变得更加美好。这次活动也让我看到了孩子们的无限潜力。他们在劳动中表现出的认真和坚持，让我感到无比的骄傲。每个孩子都拥有巨大的潜力，只要给他们提供合适的机会，他们一定能够表现得非常出色。

品德馨美，如沐熏风。这次志愿活动已然结束，但它带给孩子们的影响却是深远的。我相信，这些小小志愿者们会在未来的生活中继续保持这种热情和责任感。正如他们所说："我们都是社会的一员，或许自己的力量很小，但是滴水穿石，我相信只要我们目标一致，每个人都贡献出自己的一份力量，就一定能让社会更美好，从身边做起，从改变环境做起，为地球穿上新衣！"

这次活动不能被简单当作一次清洁行动，而是对孩子们责任心与公民意识的一次深刻培养。学校以"美育为抓手，五育齐并举，师生共发展"的培养思路，通过实践化的教育形式，"让所有的美与你相遇"。看着他们那一张张充满自豪的面庞，我深信，"让每个孩子都能成为五美好少年"不会只是一个办学目标，未来的世界会因他们而更加美好。

书画集锦

雨伞
作者：高昊

一鸣惊人
作者：邹开均

戏蝶图
作者：邹开均

硕果丰盈
作者：邹开均

锁清秋
作者：高昊

鱼乐图
作者：邹开均

蓝桥
作者：高昊

竹报平安
作者：邹开均

重生
作者：高昊

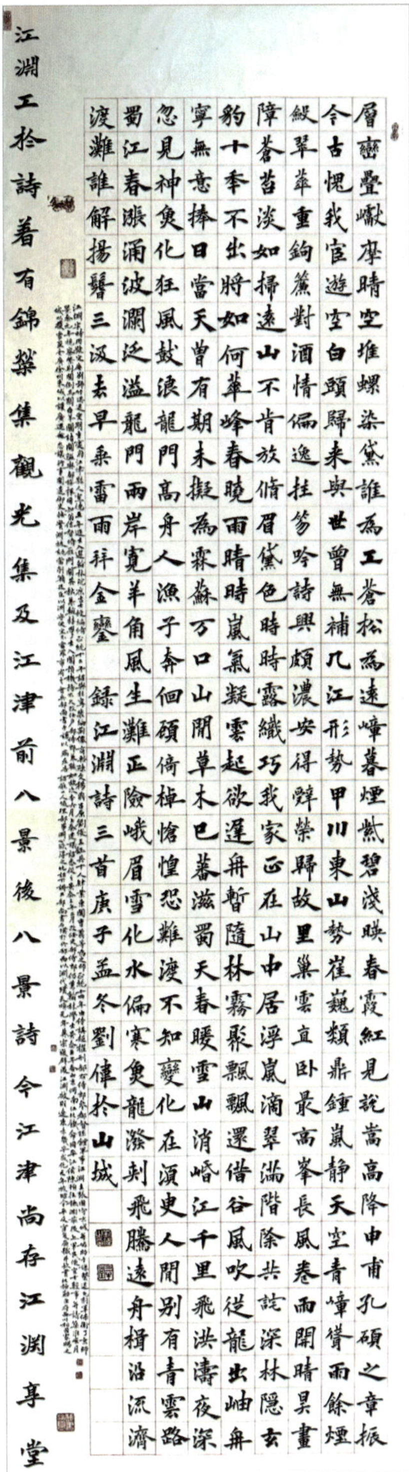

《江津八景诗》
作者：刘伟

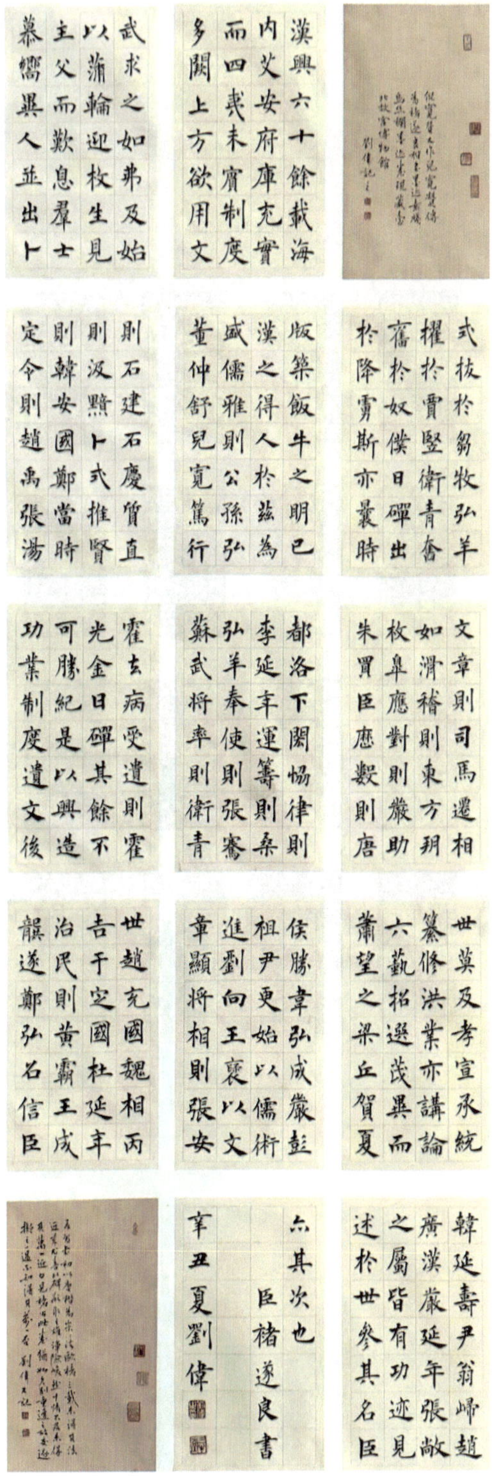

临《倪宽赞》
作者：刘伟

临《穆玉容墓志》
作者：刘伟

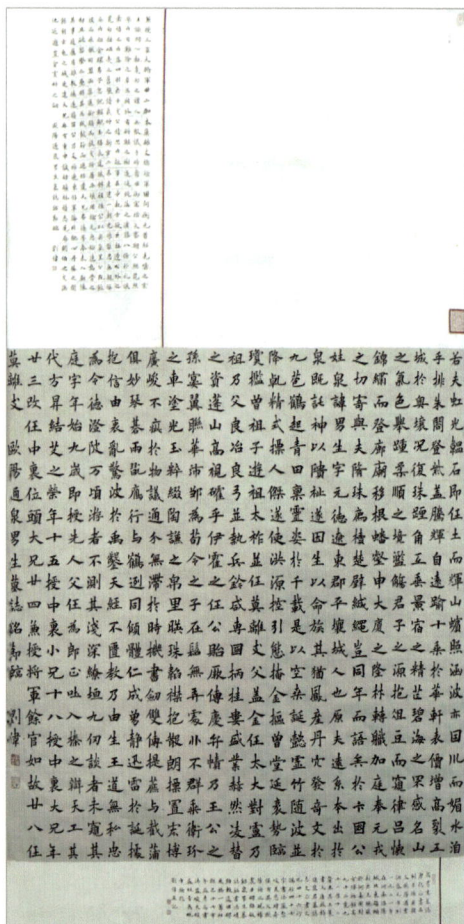

节临《泉男生墓志》
作者：刘伟

节临《阿房宫赋》
作者：刁德波

修身宣为名传世 做事惟思利

及人百年日月壶中尽 万里云

山盈裹看水惟善下能成海山

不争高自极天

乙未秋月 德波书

节临《修身养性》
作者：刁德波

学生作品

参观大熊猫
作者：周镇宇

少年向上新发展向未来
作者：丁怡嘉

静物
作者：张明凤

美丽重庆
作者：刁诗涵

我的航天梦
作者：温情

飞向蓝天
作者：熊千景

硕果累累
作者：邱子陌

秋天
作者：罗雨天

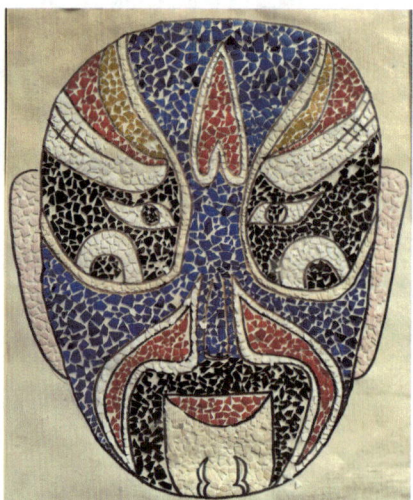

脸谱
作者：傅诗琪

京剧人物
作者：傅诗媛

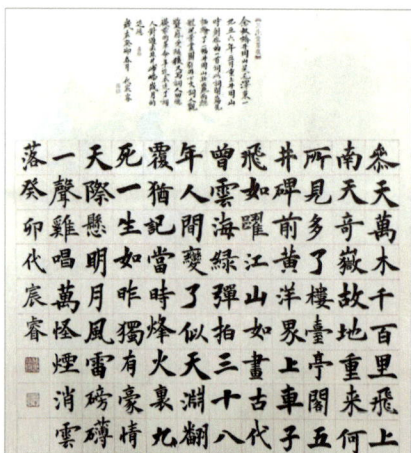

《念奴娇·井冈山》
作者：代宸睿

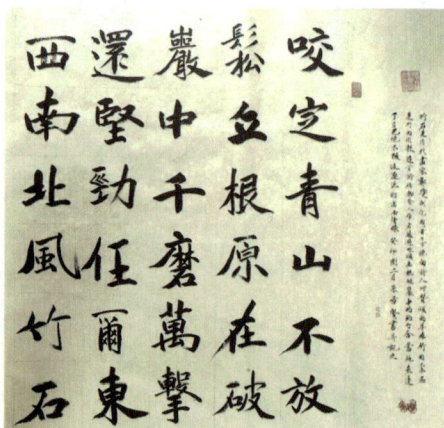

《竹石》
作者：朱哲贤

揽墨斋抚古

我要到敌后到解放区我厌恶住在腐烂了的城市跟着爛下去我恨不得早点离开那政客们所玩弄就是特务的盯梢獰笑和狂吠的这些学校烈火在地面燃烧烈火在我心裏燃烧呵我已经决定了我就要到敌后到解放区我没有想我要躲避讨厌的环境到另一个区落去看看星星白云听流水的声音趕走现实的醜恶暴虐和灾难

江竹筠诗到解放区去节选 吴尚蔚

叶挺囚歌

为人进出的门紧锁着为狗爬走出的洞敞开着一个声音高叫着爬出来呵给你自由我渴望着自由但也深知道人的躯体那能由狗的洞子爬出我只能期待着那一天地下的火衝腾把这活棺材和血肉一齐烧掉我应该在烈火和热血中得到永生

甲辰春月於山城 何泯洁

《叶挺囚歌》
作者：何泯洁

《到解放区去》
作者：吴尚蔚

🌳 活动剪影

槐小学子现场书画比赛

国画教学活动

书法示范

指导学生书法

教师风采大赛现场书画

绘画组学生刮刮画训练

手工粘贴

手工刺绣

建党 100 周年书画展

剪纸练习

学生现场书法

教师三笔字基本功比赛

著名画家陈可之为母校题写槐小精神

著名画家陈可之校友回母校
参观臻美书画苑

参加白沙镇举办的著名画家陈可之美术展。陈可之（中）与母校槐小师生合影

美术教师指导学生室外写生画

刁德波在江津区中小学美术书法教研
工作会上经验交流

学生代表队参加江津区书法比赛

师生在白沙政府广场为群众写春联

学校代表队参加重庆市少年宫现场书画比赛

荣誉展示

学校荣誉

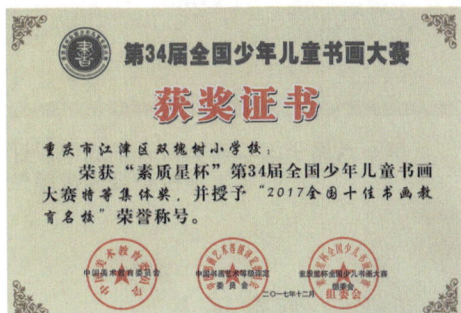

"素质星杯"第 34 届全国少年儿童书画
大赛特等奖集体奖"2017 全国十佳
书画教育名校"荣誉称号

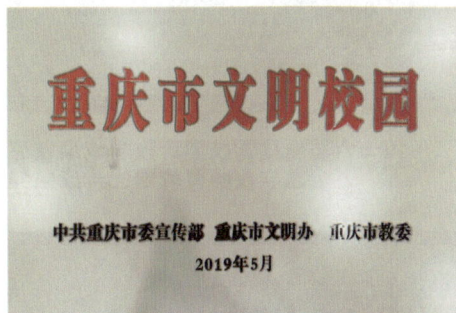

重庆市文明校园

2019 年中小学学生艺术活动月系列活动
优秀组织奖

江津区 2020 年"力行垃圾分类 共绘
美好家园"手抄报比赛优秀组织奖

"华信杯"江津区首届中小学生书法大赛
优秀组织奖

江津区中小学"家校共育"主题设计展示
评比活动（小学组）一等奖

第十六届全国学校美育教学成果展评
全国学校美育教学优异成果奖

第十六届全国学校美育教学成果展评
全国学校美育先进单位

第二届"少年向上·新发展 向未来"
主题教育读书活动示范学校

江津区"慈云杯"第二届中小学生
书法比赛组织奖

教师荣誉

刁德波 龙乡墨韵·第四届全国中小学
教师书法展入展奖

邹开均 重庆市第五届中小学生艺术展演
活动先进个人

邹开均 第十六届全国学校美育教研与
教学成果展评教师组一等奖

邹开均 2017 全国十佳书画教育名师

邹开均 江津区 2015 年"安全在我
心中"书画、摄影大赛指导一等奖

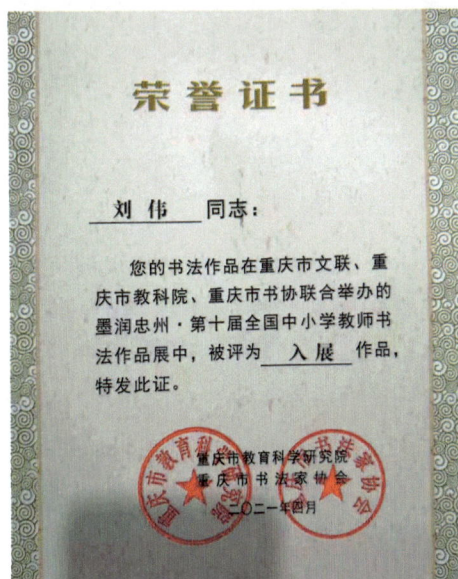

邹开均 "融创杯·快乐阳光"第十一届中
小学生才艺大赛江津赛区优秀教师指导奖

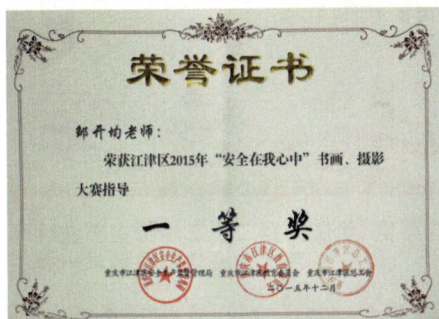

邹开均 江津区2021年中小学生艺术展演
活动"绘画作品"比赛指导教师一等奖

刘伟 墨润忠州·第十届全国中小学教师
书法作品展入展

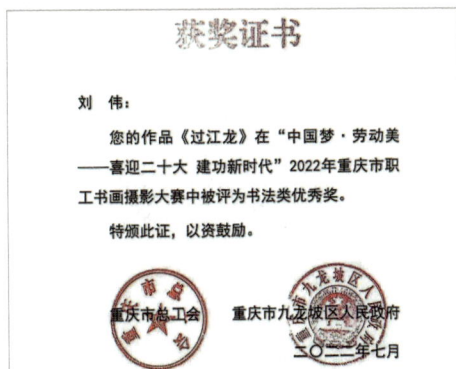

刘伟 2022 年重庆市职工书画摄影大赛
书法类优秀奖

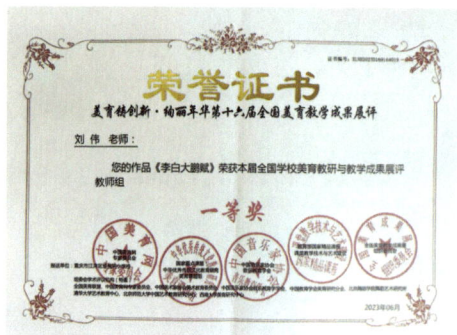

刘伟　第十六届全国美育教学成果展评
教师组一等奖

高昊　第十六届全国美育教学成果展评
教师组一等奖

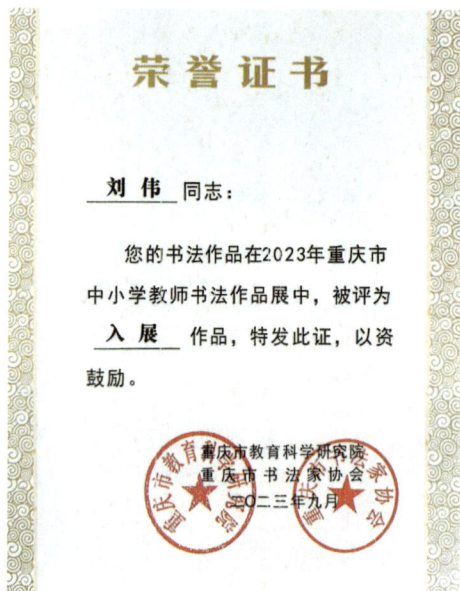

刘伟　2023 年重庆市中小学教师书法
作品展入展

高昊　重庆市第二十二届师生书法绘画
艺术大赛教师组美术一等奖

刘伟　江津区第二届书法大赛成人组
一等奖

高昊　2020-2021 学年度小学美术学科
优秀教师

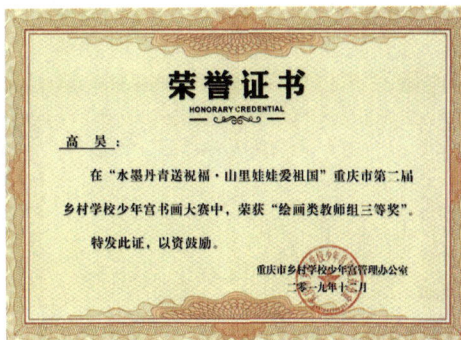

高昊 重庆市第二届乡村学校少年宫
书画大赛绘画类教师组三等奖

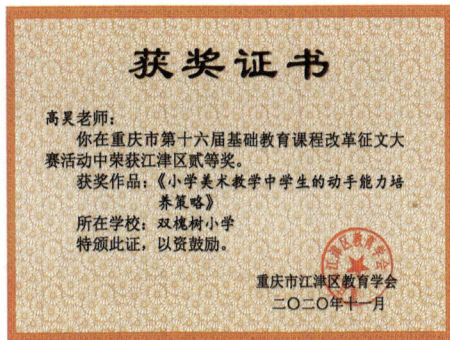

高昊 重庆市第十六届基础教育课程改革
征文大赛活动江津区二等奖

学生荣誉

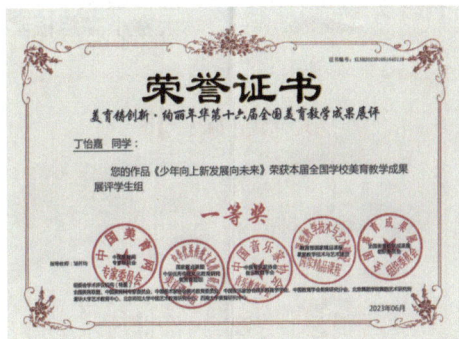

丁怡嘉 第十六届全国美育教学成果展评
学生组一等奖

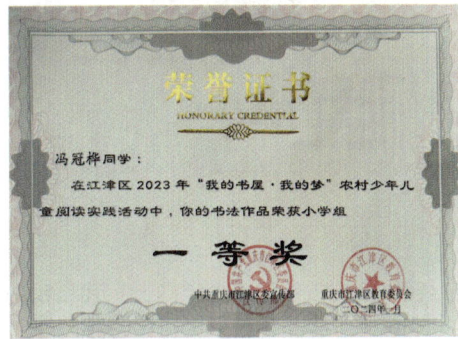

冯冠桦 2023年江津区农村少年儿童
阅读实践活动书法一等奖

蒋人羲 "融创杯·快乐阳光"第十一届中
小学才艺大赛江津赛区艺术作品类一等奖

邓书玲 江津市(现江津区)"人口与计生杯"
中小学生法制书画赛特别荣誉奖

蔡沁可 "素质星杯" 第三十四届全国少年
儿童书画大赛美术项目特等奖

袁嘉邑 "清雅奖" 第二届全国硬笔书法
大赛小高组银奖

万益君 重庆市首届 "少年向上·我和我的
家乡" 主题教育读书活动书法一等奖

周镇宇 "素质星杯" 2016年全国少年儿童
书画大赛特等奖

何泯洁 江津区 "慈云杯" 第二届中小学生
书法比赛小学软笔一等奖

刁诗涵 第十六届全国美育教学成果展评
学生组一等奖